FEB 2 3 2017

D0838973

FEB 2 3 2011

Breve historia de este puto mundo

Daniel Samper Pizano

Breve historia de este puto mundo

La tremenda biografía de la Tierra,
contada con humor y perplejidad

**ROUND LAKE AREA
LIBRARY
906 HART ROAD
ROUND LAKE, IL 60073
(847) 546-7060**

Breve historia de este puto mundo

Primera edición: abril de 2016

D. R. © 2015, Daniel Samper Pizano

D. R. © 2016, derechos de edición mundiales en lengua castellana:
Penguin Random House Grupo Editorial, S.A. de C.V.
Blvd. Miguel de Cervantes Saavedra núm. 301, 1er piso,
colonia Granada, delegación Miguel Hidalgo, C.P. 11520,
México, D.F.

www.megustaleer.com.mx

D. R. © 2015, Penguin Random House / Patricia Martínez Linares, por el diseño de cubierta
D. R. © 2015, Matador, por las ilustraciones de cubierta e interiores
D. R. © Ricardo Pinzón Hidalgo, por la fotografía del autor

Penguin Random House Grupo Editorial apoya la protección del *copyright*.
El *copyright* estimula la creatividad, defiende la diversidad en el ámbito de las ideas y el conocimiento,
promueve la libre expresión y favorece una cultura viva. Gracias por comprar una edición autorizada
de este libro y por respetar las leyes del Derecho de Autor y *copyright*. Al hacerlo está respaldando a los autores
y permitiendo que PRHGE continúe publicando libros para todos los lectores.

Queda prohibido bajo las sanciones establecidas por las leyes escanear, reproducir total o parcialmente esta
obra por cualquier medio o procedimiento así como la distribución de ejemplares
mediante alquiler o préstamo público sin previa autorización.
Si necesita fotocopiar o escanear algún fragmento de esta obra diríjase a CemPro
(Centro Mexicano de Protección y Fomento de los Derechos de Autor, http://www.cempro.org.mx).

ISBN: 978-607-31-4204-5

Impreso en México – *Printed in Mexico*

El papel utilizado para la impresión de este libro ha sido fabricado a partir de madera procedente
de bosques y plantaciones gestionadas con los más altos estándares ambientales, garantizando
una explotación de los recursos sostenible con el medio ambiente y beneficiosa para las personas.

Penguin
Random House
Grupo Editorial

A mis queridos antepasados
Mpagh e Iduff

"*¿Y si la Historia nos está tomando el pelo?*"

Milán Kundera

"*El hecho de que la audiencia no sepa distinguir entre la realidad y la ficción es lo que otorga al humor parte de su poder*"

Paul McDonald

"*La Historia es una gigantesca cámara de ecos*"

Robert Fisk

"*La Historia a veces es un chiste malo*"

Martín Caparrós

Índice

1

matador

El estrepitoso origen del universo

Es fácil imaginar cómo era nuestro pasado. Una enorme esfera repleta de seres primitivos, casi todos bichos de una sola o muy pocas células. El bajo pueblo de este planeta primitivo estaba habitado por amibas, algas y microbios, y la aristocracia, por lombrices y gusanos. Todos emergían del mar en busca de un lugar donde instalar su hogar y mantener a sus hijos. No había nada más: agua salada, rocas y estas criaturas asquerosas y elementales. Ese fue el pasado de este puto mundo.

Pero hubo un pasado antes del pasado: un antepasado. Imaginar ese antepasado sí resulta cosa bien difícil, porque hay muchas y muy contradictorias teorías.

Unos dicen que antes de que surgiera el mundo existía un enorme vacío. Es decir, no había nada. Cero más cero. Y de ese cero, de esa nada, de ese vacío provenimos. ¿Cómo? No lo explican. Otros afirman que, por el contrario, no existía un vacío sino un enorme despelote. Es decir, muchas cosas, pero completamente desorganizadas. Hagan de cuenta el armario de una chica de quince años o los archivos de la administración de impuestos cuando una víctima exige que se rectifique un error.

En la Antigüedad, los humanos intentaron explicar el origen del mundo acudiendo a la religión. Pero la religión tampoco ofrecía respuestas coherentes. Tomen la Biblia, por ejemplo. Algunas versiones afirman que "en el principio fue el caos". Otras afirman que "no había nada en la Tierra". Es decir, según la traducción del Génesis a la que se acuda, antes de este puto mundo sólo existía el vacío o, por el contrario, reinaba el caos.

Pero eso no es lo más grave. Otras versiones de la Biblia aseguran que "en el principio fue el Verbo". De modo que ya son tres los candidatos: la nada, el caos y el Verbo. ¿Cuál Verbo? ¿Y conjugado cómo? Los teólogos afirman que el Verbo es Dios. Luego el Verbo ni siquiera es un Verbo, sino un sustantivo.

Los teólogos no sólo se aventuraron con la gramática, sino con la arqueología. Éstos eran sus cálculos, de primorosa exactitud, sobre la historia del planeta: el hombre —llamado Adán— nació en el año 4004 a. C.; el diluvio universal (aquello del arca de Noé) tuvo lugar en el año 2348 a. C. Y en 1571 a. C. nació Moisés[1].

Ante la confusión religiosa, conviene acudir a la ciencia. Y la ciencia sólo está de acuerdo en unos pocos pun-

---

1 Sobre estos personajes y el Antiguo Testamento, recomiendo vivamente el libro *Si Eva hubiera sido Adán* —traducido al argentino como *Risas en el infierno*— del conocido historiador que firma el presente tratado.

tos. Primero, que la edad de la Tierra puede fijarse en unos 10 000 millones de años, aunque lo malo es que no hace mucho la ciencia hablaba de 3 000 millones y luego pasó a 5 000. Así funcionan las gangas en las agencias de viajes, que, al final, cuestan el doble porque no incluyen desayunos, impuestos ni derechos de inodoro. Pero es deprimente que ocurra en el terreno de la ciencia. En fin: con unos miles de millones menos o unos miles de millones más, ya sabemos que el mundo es viejísimo.

Big Bang

Dice también la ciencia que todo se originó en un Big Bang.[1] Intentaremos explicarlo. El Big Bang fue una explosión formidable, extraordinaria, que se alcanzó a oír en Somalia, Siberia y otros lugares que ni siquiera habían sido fundados todavía. Fue algo repentino. El espacio interestelar estaba completamente vacío, o, por el contrario, lleno de elementos caóticos y de pronto ¡pum! Nadie sabía qué había pasado, porque no había nadie, ¿me explico? Es como si una persona viaja en un globo aerostático, oye una explosión y sus últimas palabras, mientras se precipita a tierra, son: "¿De dónde vendrá ese ruido?"

¿Qué provocó el tremendo estallido?, se pregunta en forma similar la ciencia y nos preguntamos todos. La versión más aceptable es que se trató de un choque de planetas

---

1 No hay que confundir el Big Bang con la Big Band, que fue la primera orquesta; ni con el Big Mac, que fue la primera hamburguesa; ni con el Big Ben, que fue la primera campana de reloj; ni con el Bing Crosby, que fue el primer cantante.

mucho más grandes que nuestro infeliz globo terráqueo: planetotes, planetazos, planetérrimos… Uno de estos monstruos se dirigía a un lugar del universo y el otro se le atravesó. Es inaceptable que, siendo el universo infinito, los dos idiotas acabaran estrellándose, y que lo hicieran justamente donde estaba reservado el espacio para nuestra llegada. Y, repito, aún más insólito fue que chocaran tratándose de cuerpos celestes titánicos, gigantescos. Aquí no cabe aquello de "Lo siento, no lo vi venir", "En ese momento sonó el teléfono celular", "Qué vergüenza, estaba distraído" o "Señor agente, tenga en cuenta que había poca luz".

Tampoco se ha establecido cuál de los dos llevaba vía libre —¿acaso la Vía Láctea?— y a cuál le corresponde indemnizar al universo por las calamitosas consecuencias que dejó el choque. El caso es que se produjo el percance y, así como salta chatarra de un encontronazo de automóviles, saltó una bolita despreciable de agua salada y roca dura que, pasados millones de años, se convirtió en este puto mundo.

Ahora bien, se preguntará el lector, ¿de dónde salieron los dos hiperplanetas desmadrados e irresponsables a los que debe achacarse el Big Bang? Eso ya es materia de otro libro. Pero el enredo tiende a confirmar que, en aquel tiempo, esto era un verdadero caos.

Aprovechemos la ocasión para plantear y descartar la tesis de que la Tierra es invento de unos seres extravagantes que habitan en otras latitudes espaciales: marcianos, venusinos, apostadores de Las Vegas… Lo primero que conviene decir es que, por bárbaros que fueran esos extraterrestres, difícilmente se les ocurriría inventar un planeta cuyos habitantes intentan exterminarse entre sí cada vez que les dan la oportunidad. Y lo segundo es que esos extraterrestres no existen. He consultado en publicaciones muy serias y, salvo los cómics de Supermán y las películas de Spielberg, ninguno atribuye la menor credibilidad a esas historias de marcianos, naves interplanetarias y comunicación con criaturas de otras galaxias. Mucho menos puede pensarse que unos seres que no existen pudieran fundar nuestro planeta. Y gratis.

Me considero un escéptico informado y culto y sólo creeré que estos sujetos son reales y tienen algo que ver con este asunto el día en que un individuo de color azul con cuatro pares de orejas, hocico de jabalí y antenas rosadas en forma de tirabuzón se presente y me diga:

—Soy un marciano, provoqué el Big Bang y aquí le traigo la grabación, para que vea que no miento.

Mientras esto no ocurra, sostengo a la tesis del planeta que se atravesó a otro cuando el semáforo estaba en rojo.

2

matador

El aparatoso origen del hombre

En el deporte de averiguar de dónde viene el hombre existe una irreconciliable división. Un grupo piensa que, como lo afirma la Biblia, Dios lo creó todo en siete días; cosas, animales y seres humanos eran entonces tal como son hoy, salvo pequeñas diferencias: la ropa, el acento, el peinado y la afición anglosajona de arrojar enanos en los bares, que en aquel tiempo no se practicaba. Este grupo se denomina "creacionista".

El grupo adversario sostiene que el hombre actual procede de una larga evolución que nos remonta hasta organismos aún más primitivos que los borrachos que lanzan enanos en los *pubs*. Los evolucionistas dicen que el hombre y el mono proceden de un tatarabuelo común. Quienes sostienen esta doctrina proclaman que todo evoluciona irremediablemente, excepto los creacionistas.

El principal defensor del evolucionismo fue el inglés Charles Darwin (1809-1882), el segundo en proponer la teoría del origen de las especies y el primero en aceptar que la idea de que el hombre proviene de "una forma inferior" de animales era "altamente desagradable". Darwin es autor de uno de los libros más influyentes de la historia, *El origen de las especies.*[1] Volveremos sobre este asunto.

La historia y las películas de Chita y Tarzán han demostrado que, en lo esencial, Darwin tenía razón; pero quienes estaban altamente desagradados por la comparación eran los chimpancés, que no han desatado guerras mundiales ni matado a miles de monos de otras especies por diferencias de opinión sobre el poder calórico del plátano.

Es posible afirmar, pues, que el ser humano es resultado de una evolución. El problema es que estamos hablando de cosas que vienen sucediendo desde hace muchos millones de años y todas las teorías científicas se apoyan en huesos viejos e incompletos y piedras retorcidas. No un video, ni un documento, ni siquiera un casete, objeto arqueológico en el que antaño —es decir, hace 30 años— se recogían música y palabras.

Se supone que todo empezó —ya lo dije— con una célula hace 5 000 millones de años. ¡Una sola célula! Y miren ahora cómo estamos. La célula, aburrida, logró multiplicarse, pero es mejor no averiguar cómo, porque podría ser un tanto bochornoso. El caso es que en un abrir y cerrar de ojos que duró cerca de 4 500 millones de años, aquella célula solitaria

---

1 Darwin fue aficionado al turismo, la equitación y la cocina. En materia culinaria dejó un libro titulado *El origen de las especias,* menos conocido que el otro, pero notablemente más picante.

creó numerosos organismos y entidades, actividad que luego imitaron los gobiernos populistas. Y de aquellos organismos se llegó finalmente a los animales vertebrados, no sin antes pasar por la Edad de Hielo, la Edad de Piedra, la Edad de Hierro y la Edad de Jubilarse.

La prehistoria fue un proceso tan largo que relatarlo tomaría varios millones de años más; durante él se cumplieron diversas etapas evolutivas, como el azoico, el paleozoico y el mesozoico, que se subdividían en etapas volantes y premios de montaña: el silúrico, el triásico, el trifásico, el jurásico, el paleoceno, el pleistoceno, el mioceno y muchos otros ásicos, *cenos* e incluso un *cense*, el ordovicense.

Abundan las películas, las novelas y los cómics que recrean estos tiempos prehistóricos. Su calidad es variada, pero les daré una pista: los dinosaurios y los seres humanos pertenecen a épocas distintas. Aquel cuento del gran Augusto Monterroso según el cual "Cuando despertó, el dinosaurio todavía estaba allí" debe rectificarse: "Cuando despertó, el dinosaurio se había marchado millones de años antes". Tampoco es verdad, como creen algunos científicos livianos, que hubiese existido la familia Picapiedra.

Cada vez que les muestren a ustedes un documental en que aparecen un megaterio y un cavernícola analfabeto, deben saber que el analfabeto es el director de la película. A él, no a los pobres dinosaurios, ha debido de caerle en la cabeza un meteorito o el estallido de una supernova. Fue esta pesada razón la que provocó la extinción de los grandes mamíferos hace 65 millones de años y desde entonces los niños de las cavernas pudieron volver tranquilos a la escuela. No habían podido hacerlo en los 150 millones de años que precedieron a la extinción de los "terribles lagartos", que es lo que traduce la palabra dinosaurio.[1]

Todos somos africanos

Pero no nos ocupemos más de tecodontes, mamuts, tiranosaurios ni democratosaurios: vamos a lo que vinimos, que son los antepasados de los monos y los hombres.

La excavación y el examen de numerosos huesos arqueológicos en todo el planeta han permitido establecer más allá de toda duda que quien quiere fósiles los encuentra. Luego ya intentará convencer a sus amigos de que se trata de la calavera del primer ser humano. Algunos científicos lo han logrado. Lo interesante es que casi todos coinciden en que el primer antepasado directo del hombre y del mono surgió en el África y, por virtud del clima, era de epidermis oscura. De allí emigró a otras latitudes donde el frío cambió el color de su piel (Europa) y, en casos extremos, lo indujo a la bebida (Rusia).

Pero lo cierto es que todos fuimos negros africanos, así que no vengan la reina de Inglaterra y Miss Noruega a mirarnos por encima del hombro desde sus blanquecinas carnes. Sus antepasados también fueron primates (así se llama a los monos más desarrollados, categoría a la que pertenece el hombre) y reñían con felinos y hienas por un brazo o una pierna del familiar más cercano.

Si tenemos en cuenta que este puto mundo tiene entre 5 000 y 10 000 millones de años, parece que fue ayer lo de los primates, sobrinates y abuelates que lo poblaron. La his-

---

1 El lector se preguntará cómo hacen los sabios para determinar estas cifras. Yo también.

toria del hombre surge hace más o menos 10 millones de años (estoy dispuesto a admitir errores hasta de un par de milenios), cuando los primeros monos bajaron de los árboles, se alzaron en dos pies, matricularon el dedo pulgar en la oposición —el famoso pulgar oponible— y utilizaron los primeros instrumentos para ayudarse en la dura vida cotidiana: una piedra filuda para cortar carne, un garrote para dar muerte a los animales destinados al almuerzo, un pellejo de fiera para calentar el piso de la gruta. Muy pronto, como 3 millones de años después, algunos de los inquilinos de las cavernas decidieron emplear las piedras y garrotes para golpear a sus vecinos y se vio que empezaban a surgir dos grupos de criaturas: unas pacíficas, que hacían monerías, y otras agresivas, que hacían desastres. De aquéllas procede Chita. De éstas, Tarzán y nosotros.

Homos

Hace apenas 7 millones de años, a las 10:37 a.m. (es sólo un cálculo) se hizo más notoria la diferencia entre los monos y los homínidos, tatarabuelos de los hombres. Estos últimos recibieron nombres según las cosas que eran capaces de hacer o el lugar donde se criaron. Así, el *homo australopitecus* nace en territorios australes del África; el *homo neardentalensis*, en la localidad alemana de Neardental; el *homo antecessor*, porque precedió al *homo neardentalensis*; el *homo habilis* se caracterizaba por su habilidad para ayudarse de instrumentos; el *homo erectus*, por la inocultable y permanente felicidad de su mujer.

A pesar de su temible nombre, el australopiteco era —perdonen la rima— bastante enteco. Medía apenas un metro y no pasaba de los 30 kilos. Tenía la cabeza ovalada, la frente estrecha, la quijada retraída y pelo, mucho pelo, incluso en sitios donde sus tataranietos ya no tenemos.

Una agenda resumida de lo que sucedió entre entonces y hoy sería la siguiente:

* Hace 6 o 7 millones de años se separan el hombre y el mono.

* Hace 2 millones de años se desarrolla en Sudáfrica, según reciente descubrimiento, el *homo naledi*, que medía 1.5 metros y "tenía el cerebro minúsculo, como una naranja". Algunos de sus descendientes pasan hoy el día entero entretenidos en videojuegos.

* Hace 800 000 años florece el *homo antecessor* en Atapuerca, España.

* Hace 250 000 o 300 000 años se disemina el hombre de Neandertal por diversas partes de Europa.

* Hace 195 000 años saluda desde Etiopía el *homo sapiens*, nuestro más cercano ascendiente, capaz de pensar, reflexionar, meditar y, a pesar de todo, disparar.

* Hace 175 000 años surge el hombre de Cro-Magnon en Cro-Magnon (¿dónde más?), versión europea del *homo sapiens*.

* Hace 45 000 se extingue el hombre de Neandertal. Varias teorías científicas procuran explicar el fenómeno, pero todas llegan a una conclusión: fue víctima del *homo sapiens*.

* Hace miles de años —entre 14 000 y 65 000— llegan los primeros hombres a América. Hay quien dice que procedían de Asia, otros afirman que pasaron por el norte desde Europa y no faltan los que atribuyen su aparición a las agencias de turismo. Un científico, Florentino Ameghino, sostenía

que América fue la cuna del ser humano evolucionado. Sin embargo, desmienten tal tesis los líderes del *Tea Party* de Estados Unidos y algunos generales latinoamericanos, que proceden directamente del mioceno[1] o del organismo monocelular.

La vida en la caverna

No era fácil la vida para los homínidos. En las cuevas de Atapuerca, región española no lejos de Burgos donde hoy sólo se consigue jamón, morcilla y paleontólogos, el paisaje era bastante azaroso hace 800 000 años. Rondaba el rinoceronte, corría el gamo, rumiaba el ciervo, bullía la rata, pinchaba el puercoespín, trisaba la alondra, ululaba el búho, crascitaba el cuervo, voznaba el cisne, crotoraba la cigüeña, arruaba el jabalí,

MPagh e DUff

estridulaba la langosta, glugluteaba el pavo, graznaba la urraca, tauteaba la zorra, himplaba la pantera, rugía el león y ronroneaba hambriento el tigre de dientes de sable.

Los tigres comían hombres, los hombres comían tigres y, si era menester, los hombres comían hombres. Hace poco

---

1 Muchos de estos datos sobre la edad de las especies se infieren del examen de mandíbulas y dientes ultramilenarios encontrados en sitios arqueológicos. ¡Y hay quien habla de "la mala dentadura de los abuelos"!

apareció en Uruguay el cráneo de una *Josephoartigasia monesi*, rata colosal del tamaño de un búfalo que pesaba una tonelada y tenía una mordida tan poderosa como la de un león, un inspector de aduana corrupto o el excelso goleador Luis Suárez. Ya es una interesante coincidencia que éste también sea uruguayo. No hay que extrañarse, pues, de que aquellas criaturas —nuestros bisabuelos— anduvieran sudorosas, semidesnudas, con un palo en la mano y propensas a prorrumpir en gritos incoherentes, tal como hoy lo hace el *homo tenisticus* en los partidos de Wimbledon o el Roland Garros.

Poco queda de aquel paisaje zoológico. Salvo las ratas, la mayoría de los demás animales corrieron la suerte del *homo neardentalensis* a manos del *homo sapiens*.

Fueron aquellos individuos los primeros cazadores, picapedreros, pescadores, guerreros, artesanos y grafiteros. De esta última actividad sobreviven numerosos dibujos y letreros en cuevas de Asia y Europa. Las de Altamira y El Castillo (España), con 30 000 años a cuestas, son quizás las más célebres. Pero se trata de pintura fresca al lado de las cuevas de Sulawesi, Indonesia, recientemente descubiertas, que tienen por lo menos 39 900 años.

Conviene advertir que la arqueología sólo habla de hombres —el hombre de las cavernas, el hombre de Neandertal, el hombre de Cro-Magnon—, pero se sospecha que a lo largo de estos miles de años también hubo algunas mujeres.

3

matador

Las civilizaciones
más viejas

En un abrir y cerrar de ojos —¡menos de 200 000 años!—, el *homo sapiens* se extendió a diversos lugares del planeta y regó calaveras por aquí y por allá para ofrecer, al mismo tiempo, empleo y dolores de cabeza a los futuros arqueólogos.

Un poco más tarde apareció una versión mejorada del *homo sapiens*, el *homo sapiens sapiens*, que era como quien dice un *homo sapiens Plus* o un *homo sapiens VIP*. Como ocurre con los iPhone y las tabletas, aún hoy siguen circulando las dos versiones. Son muy parecidas por fuera, pero el *homo sapiens* y el *homo sapiens sapiens* se distinguen sobre todo por el amor del segundo al futbol de calidad y la afición del primero a los manuales que pretenden revelar el secreto de la felicidad.

Unos y otros se agruparon en familias poco ortodoxas, tribus y sectas durante los primeros 190 000 años. Compartían cavernas, animales, mujeres, hombres, huesos, herramientas, incipientes frutos, pulgas y garrapatas. Ya habían empezado las primeras guerras entre tribus, que se libraban a punta de piedra y garrote. Excusas nunca faltaron: que Mpagh se llevó a una de las 53 mujeres de Iduff... que un oso de la región de Iduff devoró a un niño de la región de Mpagh... que Mpagh considera que su dios —el trueno, por ejemplo— es más poderoso que el rayo, que es el dios de Iduff...

Pero hacia el año 5 000 antes de nuestra era aparecieron las primeras formas de una civilización; es decir, una agrupación humana radicada en un lugar común donde todos tenían deberes y obligaciones, y unas autoridades que ponían orden en las cosas.

Noticias sumarias sobre los sumerios

Esa primera cuota de una sociedad organizada surgió en Sumeria, en Oriente Medio, en la región de Mesopotamia, entre los ríos Tigris y Éufrates. Sus pobladores se reunieron y ayudaron mutuamente en torno a pequeñas ciudades. Entre el año 3 000 y el 2 700, Sumeria vive la que se llamó Época de Uruk.[1] No era moco de pavo Uruk. Se trataba de una respetable urbe de 80 000 habitantes, sin duda la mayor

---

1 Es importante no confundir a Uruk, que tuvo existencia histórica, con Uruk-hai, una raza ficticia inventada por un escritor británico en su serie *El señor de los anillos*. La compleja trama incluye seres rarísimos con apelativos como Éomer, Samsagaz y Faramir, que no se han usado ni siquiera en Panamá. Hay finalmente una Guerra de los Anillos, cuyo ganador consigue como botín extraordinario que le revelen los tres nombres completos de J. R. R. Tolkien, el autor.

del mundo, con numerosos templos y edificios. Entre los inventos de los sumerios figuran la contabilidad, el cálculo y el gasto militar, pues construyeron un muro protector de 6.5 kilómetros de extensión para defenderse de posibles enemigos. Aceptémoslo: la zona era y sigue siendo peligrosa. Pero no tanto como para el dispendio que significa semejante muralla.

Los sumerios crearon tribunales de justicia, poemas de amor, una especie de parlamento, los impuestos (y las rebajas de impuestos para los ricos), las primeras farmacias, uno de los primeros grandes mitos (cierto rey guerrero llamado Gilgamesh, alias Bilgamés, alias Izduba, alias Nomedhodas), los primeros almanaques agrícolas, la primera cerveza, los primeros venenos y los primeros refranes y proverbios.

Entre estos últimos había de todo. Algunos eran contradictorios (juro que todos los que copio son auténticos): "Ya que vamos a morir, gastemos; pero, ya que viviremos muchos años, economicemos"; otros eran verdades de Perogrullo: "¿Se puede tener hijos sin hacer el amor? ¿Se puede engordar sin comer?"[1] Los había pesimistas: "Para el placer, matrimonio; pensándolo mejor, divorcio"; también ingenuos: "Quien nada posee puede dormir tranquilo"; unos eran sabios: "Puedes tener un amo, puedes tener un rey, pero a quien debes temer es al recaudador de impuestos"; y otros eran crueles e injustos: "La nuera es el infierno del hombre".[2]

Su mayor aporte fue, sin duda, la escritura. Antes de

---

1 Las respuestas a estas dos preguntas serían hoy mismo sí y sí. Pero los sumerios no lo entenderían porque no conocieron la fecundación *in vitro* ni la hidropesía.

2 Que conste mi protesta, querida Claudia.

los sumerios sólo existía la tradición oral, es decir, aquellas historias que los unos narraban a los otros sin contar con la ayuda, recuerden, de libros, apuntes ni grabadoras. Los primeros que tradujeron sonidos en signos y fijaron los signos en elementos estables fueron los sumerios hacia el año 4000 a. C.

Optaron por el "modo teja", consistente en inscribir en pequeñas tablas elaboradas en arcilla húmeda ciertos dibujos que representaban cosas. Cuando la arcilla se secaba, quedaban fijos unos signos semipictóricos que era posible archivar y leer muchos años después. Como los dibujos estaban trazados con herramientas en forma de cuña, se llamó a esta escritura "cuneiforme".

La idea no era mala. Por primera vez los documentos públicos, la literatura y las notas de la vida cotidiana podían registrarse de manera estable.

—Déjeme una teja con sus datos, yo lo busco…

—Escribe la tarea en borrador y cuando esté corregida la metes en el horno…

—Lo siento, no te visité porque se rompió la teja en que tenía la dirección de tu casa.

—Mijo, vaya en el camión y me trae la libreta de teléfonos…

Lamentablemente, el sistema era pesado, aparatoso y sucio, hasta el punto de que una mosca de lodazal inauguró el primer error de imprenta y la contaminación de un pozo de arcilla por excrementos de una hiena salvaje dio origen a los foros de internet.

Pese a sus avances, la vida en la Mesopotamia hace más de 5000 años era bastante precaria. Los vecinos se enfrascaban en frecuentes guerras, constantemente se producían invasiones de pueblos con nombre de enfermedad (los amorreos, los hititas…) y la gente de bien padecía los abusos de una horda criminal conocida como "los gutis".[1] Sumeria se extendía por tierras que actualmente ocupan partes de Irak, Siria, Irán y el sur de Turquía.

Hoy en día, millones de habitantes de la región echan de menos con nostalgia aquellos dulces tiempos de los primitivos sumerios, tan pacíficos, tan tolerantes, tan civilizados...

Y, sin embargo, hay gente que considera poco importantes a los sumerios. Es el caso del célebre historiador austriaco E. H. J. Gombrich, quien equivocadamente sostiene que la Historia no empieza en Sumeria sino en Egipto. Hombre, Gombrich, ¡esa tesis no merece ni siquiera una teja!

La vida tranquila de los egipcios

Los egipcios viven en Egipto desde hace más de 5 100 años, cosa bastante meritoria si se tienen en cuenta el clima del país y las inefables diarreas que produce el agua de sus grifos. Tratándose de tan dilatado tiempo, cualquier salto que dé un historiador implica omitir milenios de faraones, gobernantes, esclavos, asesinatos y pirámides. Así que nombraré unos pocos, como Menes —el primer rey—, Keops —que fue coronado apenas 2 500 años después—, Tutankamón, Amenofis, la reina Hatshepsut, Akenatón

Ramsés

---

1   Aclaro que no tienen parentesco algunos con los Gutiérrez de hoy.

—hace sólo 3 380 años— y Ramsés II, quizás el más activo y famoso faraón (de 1300 a 1213 a. C.).

Cleopatra

El lector medianamente informado preguntará por qué no incluyo en la lista a Osiris, Isis, Amon, Anubis, Radamés, Amneris, Nefritis y Cleopatra. Le contesto: no los incluyo porque los cuatro primeros son dioses, no faraones; los dos siguientes son personajes de la ópera *Aída;* la penúltima es una enfermedad y Cleopatra no era egipcia sino de cuna griega. Hay que informarse mejor.

En realidad, Cleopatra pertenecía a la diurética dinastía de los Ptolomeos, que dominaron durante tres siglos a Egipto y, entre otras tristes hazañas, extinguieron la lengua nativa, que se habló a lo largo de más de tres milenios. A propósito, Cleopatra murió por la mordida de una serpiente cobra. La culebra sí era egipcia.

Entre los famosos antepasados de 87 millones de anónimos egipcios contemporáneos florecieron grandes pintores, escultores, ingenieros y arquitectos. Eso sí: para ahorrar tinta y pincel, sólo dibujaban a sus modelos de perfil. También se destacaron como taxidermistas. Sería exagerado decir que sus momias, una vez despojadas de vendas, joyas y adornos, parecen vivas. Pero sí parecen difuntos frescos.

LOS egiPCios

En realidad, el egipcio más importante y grande de la historia es el río Nilo, que ha permitido a este pueblo sobrevivir durante más de 7 000 años en medio de un desierto que sus aguas fertilizan de manera periódica.

Los egipcios grabaron su prolongado tránsito por la historia en piedra, madera y papiros. Este memorioso patrimonio constituye un tesoro de la humanidad, pero no hay quien lo descifre: parece un jeroglífico.[1]

Y el chino ahí

Igual a los negocios que manejan sus emigrantes alrededor del mundo, China siempre ha estado ahí: abre las 24 horas, no cierra los domingos y no toma vacaciones. Incluso cuando nadie sabía que ahí estaba la China, la China estaba ahí. Silenciosa, populosa, laboriosa. Al descubrir Europa a los chinos hacia el siglo VI a. C, en tiempos del imperio griego, aquellos ya llevaban por lo menos 1 500 años ahí. Siglo y medio antes del nacimiento de Cristo, los chinos no sólo estaban ahí, sino en otras partes; tenían comercio con los árabes y varios pueblos asiáticos, y llegaron hasta Roma. Cargaban en sus baúles un producto que encantó a los occidentales: la seda. Y por el camino de la seda los chinos fueron y volvieron durante siglos, siempre ahí...

La seda no fue el único producto chino que subyugó a los europeos. También el papel, inventado en el año 105 d. C. por

---

[1] Debemos a tres jovencitos europeos la decodificación de los jeroglíficos egipcios. El inglés Thomas Young y el francés Jean-François Champollion ubicaron la ya citada epopeya sumeria de Gilgamesh, primer poema épico de la historia, escrito en tejas planas. La segunda epopeya, descifrarlo, fue obra del inglés George Smith. Como en el XIX no existían los iPhones ni los Androides, los muchachos se entretenían con otras tabletas.

un tal Ts'ai Lun. Y la pólvora, en el siglo VII; y la brújula, en el IX; y el tipo móvil de prensa en el siglo XI, 300 años antes que Gutenberg revolucionara al mundo con la imprenta.

¿Y las pastas? No. Las pastas, no. Aunque atribuidas a los chinos, son un invento árabe que desembarcó en Italia en el siglo VII. Cuando el viajero Marco Polo apareció en Venecia a fines del siglo XII cargado de *tortellini, farfalle, ravioli, lasagna, penne a la arrabiata y fettuccine Alfredo* comprados en la China, ya la pasta se preparaba en numerosos restaurantes italianos. Se sospecha que fueron también los chinos quienes llevaron a Italia la pizza napolitana, la milanesa de ternera, los calamares a la romana, los espaguetis a la boloñesa, los canelones genoveses, el *risotto* siciliano y el papa vaticano.

No contentos con haber aportado a la humanidad estos platos, los chinos impusieron la comida china, las damas chinas y la tinta china. También inventaron las películas chinas, la ópera china, los perros pequineses y los productos franceses, alemanes, norteamericanos y japoneses *made in China*… con calidad china.

Uno de sus más destacados personajes fue Confucio (551 a. C. - 479 a. C.), que predicó la buena conducta, la paz, los valores de tolerancia y el gobierno honesto y respetuoso. Muchos seguidores lo consideran un filósofo y otros lo ven como un líder religioso. Una reina panameña dijo incluso que era un chino japonés que había inventado la confusión. Lo más probable es que sólo hubiera sido un ácido humorista.

confucio

Contemporáneo suyo en la India fue el príncipe Sidharta, más conocido como Buda (563 a. C. - 483 a. C.) o el Iluminado, porque casi siempre estaba rodeado de velitas. Como ambos eran orientales, pacifistas, pensadores y se sentaban en el suelo, la gente occidental tiende a pensar que eran la misma persona, y no faltan los que afirman que ambos obedecían las enseñanzas de un gran gurú llamado Yoga. Son los problemas del confucionismo.

Hablando de semejanzas, ciertos autores muy despiertos han notado el parecido físico entre los chinos y algunos pueblos indígenas latinoamericanos. Hay políticos bolivianos que podrían haber pasado por funcionarios de Shanghai y, si no fuera por la talla y la voz, habría sido fácil confundir al Gran Timonel Mao Zedong con el Gran Bolerista Armando Manzanero.

La semejanza tiene una explicación, dice el almirante británico Rowan Gavin Menzies en su libro *1421: el año en que China descubrió el mundo*. Según él, una flota de más de un centenar de barcos zarpó de la China siete décadas antes de que Cristóbal Colón lo hiciera de España y se le adelantó al navegante genovés en el descubrimiento de América.[1] Dado que al llegar Colón en 1492 poblaban el continente americano entre 60 y 150 millones de nativos, es de admirar el esfuerzo de los chinos por reproducirse en la nueva tierra. Seguramente los 28 000 hombres de la expedición oriental

---

1 La tesis de Menzies parece sensata, hasta cuando uno se entera de que también afirma que una expedición china inició el Renacimiento europeo en 1434. Para completar, sostiene que existió en remotos tiempos el misterioso continente llamado Atlantis, poderoso imperio con epicentro en Creta cuyos dominios se extendían desde la India hasta América. Aún hay que esperar de Menzies alguna historia de platillos voladores en la Guatemala precolombina, por ejemplo.

regresaron agotados a Pekín después de haber dejado abundante huella de su paso por aquellas comarcas desconocidas.

La historia de la China es una interminable lista de dinastías que este libro sólo ofrecerá en su edición en mandarín.

Otras civilizaciones viejísimas

La Antigüedad está repleta de pueblos que desaparecieron, civilizaciones extinguidas, ciudades derruidas y arqueólogos, escritores y malos novelistas que se ganan la vida tratando de descubrirlas.

Algunos pueblos lograron superar las limitaciones de la Historia y aún andan por estos lados, como los chinos, los indios, los mongoles, los árabes y los persas. Lo que no han podido superar son las limitaciones de espacio de este libro, así que tendrán que contentarse con este pequeño reconocimiento. Además, viven muy lejos, se visten muy mal, escriben muy raro y nunca leerán estas páginas.

Pero, sobre todo, porque tengo afán de llegar a Grecia, antes de que se acabe.

matador

Bienvenidos a ελλάδα

Hace miles de años no circulaban por el Mediterráneo cientos de cruceros turísticos, como ahora, pero ya era un mar bastante abarrotado. Según el arqueólogo catalán Joan Manuel Serrat en su tratado sobre el Mediterráneo, "se han vertido en él cien pueblos, de Algeciras a Estambul". ¿Con qué fin lo hacían?, ¿a qué aspiraban?, ¿para qué se ponían en tantas molestias?, se pregunta el lector. Contesta el profesor Serrat: "Para que pintes de azul sus largas noches de invierno".

Para pintar de azul, para invadir, para conocer, para hacer negocios, para pelear o simplemente para asearse o pescar, flotaban toda clase de gentes en el susodicho océano. Fenicios iban y venían con promociones comerciales y descuentos por pronto pago; semitas y palestinos retozaban juntos en sus playas; egeos paseaban con sus mujeres, hermosas y mandonas, y luego se extinguían; no faltaban los piratas, los inmigrantes sin papeles y las ONG que exigían a las autoridades no confundir a los unos con los otros. Incluso pueblos lejanos, como los babilonios y los persas, se asomaban al océano interior con ganas de conquistar aquel lago gigantesco que se dibujaba en la bruma enmarcado por Europa, Asia y África.

¿Y qué era lo que había allí? Para empezar, una isla llamada Creta, que se convirtió en bisagra del tránsito mediterráneo y lugar de dicha y placeres. Así fue hasta que llegaron los aqueos y ocuparon la isla. De este punto saltaron los aqueos a unos territorios de la actual Grecia. Pretendían ocupar regiones que ya tenían dueño, ¡y ahí fue Troya...![1]

Corría el siglo XII a. C., los hermosos tiempos del bronce, y diversas tribus —dorios, jónicos, eolios— habitaban la zona del Peloponeso, donde, a 45 kilómetros del Mediterráneo, se fundó la ciudad de Creta mil años antes de que naciera Jesucristo. Empezaba a formarse un pueblo que en las siguientes centurias cambió la historia occidental e impartió, según el historiador René Sedillot, "la más noble lección de vida civilizada que ha conocido el mundo".

En realidad, aquella Grecia antigua prácticamente no existía como país, y en eso se parecía mucho a la actual Grecia. Era una suma de islas, aldeas y ciudades como Creta, diseminadas con el paso de algunos siglos por la cuenca del Mediterráneo, el norte de África y el Oriente Medio. A

---

1 Sobre la guerra de Troya aconsejo leer completos, en griego original, los poemas de un tal Homero N. N., *La Ilíada* y *La Odisea*. El que no se crea capaz de hacerlo, que al menos vea la película *Troya*, con Brad Pitt. Los poemas homéricos son obras extraordinarias, pero no digo más para no dañarles el final a los lectores.

esta red de puntos la unían el interés mercantil y la pericia para navegar. Más tarde, también un idioma común que hoy nos parece griego. Cada ciudad tenía su característica propia. Esparta era austera y aficionada a las artes marciales; es decir, espartana. Sibaris era todo lo contrario: glotona y aficionada a los goces refinados; es decir, sibarita. Los de Creta eran ingenuos y creían que los animales levitaban, que el dios Zeus estaba enterrado en sus predios y que algunos becerros tenían cabeza de ser humano y cuerpo de toro; es decir, un poco cretinos.

Atenas era cívica, filosófica y artística. Fue y sigue siendo emblema de civilización y participación ciudadana. También punto de referencia en la historia de este puto mundo. Aunque se cultivaron en ella el pensamiento, la arquitectura, la escultura, las matemáticas y el teatro, la verdadera especialidad de sus habitantes era pensar silogismos mientras caminaban. Además, les gustaba la política, la buena vida, la política, los deportes olímpicos, la literatura, la política, las columnas de los edificios, la política, el derecho, el teatro, la marinería y la mitología. Como también adoraban la política, convirtieron a Atenas en epicentro de un sistema de gobierno que se llamó democracia: el poder del pueblo, por el pueblo y para el pueblo, pero administrado por los políticos.

Conviene observar que a la democracia griega le faltó democracia, pues, dadas las restricciones, vetos y limitaciones impuestos a los ciudadanos, sólo uno de cada quince podía ejercer sus derechos políticos. Menos aún que en muchas dictaduras actuales. El propio Platón dice que "más que una democracia, es una aristocracia con aprobación del pueblo". Pregunto: ¿quién soy yo para contradecir a Platón?

Hay quienes sostienen que los griegos han gozado de desmesurado prestigio. Posiblemente así ocurre, porque, tres páginas después de su formidable piropo, Sedillot acepta que los griegos "eran ladrones, mentirosos, fanfarrones, lenguaraces y políticos natos". Todos los de Creta, además, tenían el pelo largo y la única manera de reconocer a las mujeres era el *top cretense*, prenda que cubría púdicamente los antebrazos pero exhibía con descaro el busto desnudo. Sin embargo, no puede decirse que estos defectos estaban generalizados, como bien lo habría demostrado cualquier aprendiz de filósofo en un silogismo relámpago: no todos los griegos tienen defectos; es así que hay griegos que sí tienen defectos; luego no todos los defectos son griegos.

O algo así.

El asunto de la mitología resulta incluso más enredado que los jeroglíficos egipcios, pues no es extraño que en las leyendas griegas los hijos se casen con sus propias madres, los seres humanos sean hermanos de animales, los dioses siembren el pánico y las señoritas se conviertan en objetos. Para peor, los romanos —a los que pronto llegaremos— copiaron parte de la mitología griega, pero cambiaron el nombre a los protagonistas. Allá ellos.

Lo más importante que heredamos de los griegos fueron sus filósofos. Eran muchos, y sus ideas ocupan buena parte de los más prestigiosos libros de historia del pensamiento.[1] Pero me limitaré a mencionar a los cuatro principales, todos ellos habitantes del siglo IV a. C: Sócrates, Platón, Aristóteles y Diógenes de Sinope.

Sócrates desconfiaba de sus propios conocimientos y afirmaba: "Solo sé que nada sé". En los últimos minutos de

---

1 42 % del tratado de Bertrand Russell y 51 % del *Libro gordo de Petete.*

su vida supo que la cicuta es un veneno, pues a ella lo sometieron los jueces por acoso sexual. Platón, discípulo de Sócrates, afirmaba que la verdad son las ideas abstractas y sólo somos sombras suyas. Aristóteles, alumno de Platón, no hacía más que llevarle la contraria y sostenía que la única realidad son los sentidos. Su pensamiento influyó poderosamente al mundo occidental durante cerca de dos mil años.

Para explicar mejor el mundo de los filósofos griegos es necesario acudir a una metáfora futbolística. Sócrates era sabio, pero modesto y de pocas palabras, como Messi. Platón era como Cruyff: hombre de grandes ideas y fundador de escuelas admirables. Aristóteles era genial, pero un poco *light*; le encantaba estar a la moda, vestía túnicas carísimas, tenía los dedos cargados de anillos y el pecho resplandeciente de cadenas y medallones: Cristiano Ronaldo. El cínico Diógenes llamaba permanentemente la atención, pero no sólo por su talento sino por sus tendencias viciosas y sus constantes desplantes e insultos: algo semejante a Maradona.

SÓCrates

Metidas de pata peripatéticas

Los anteriores y otros filósofos, como Parménides, Demócrito y Heráclito, lo mismo que científicos y geógrafos (Dioscórides, Herodoto, Hipócrates, Eliano) y autores de teatro (Esquilo, Sófocles, Eurípides), fundaron la civilización occidental; su influencia permanece. Pero no se crea que eran infalibles ni impolutos. A veces metían la pata, razón por la cual los llamaban peripatéticos.

La siguiente es una antología de burradas y desaguisados de los sabios griegos:

- El estiércol de cocodrilo es conveniente para dar brillo y color al rostro de las mujeres (Dioscórides).
- Los perros de la India son resultado de la unión de un tigre y una perra (Aristóteles).
- El loro se vuelve insolente cuando ha bebido vino (Aristóteles).
- Los animales con cuernos ni eructan ni ventosean (Aristóteles).

Aristóteles

- En general, los pescadores son pelirrojos (Aristóteles).
- La mujer es inferior al hombre. (Aristóteles).
- El cerebro es un órgano de importancia menor (Aristóteles)[1].
- Hay una raza de etíopes cuyo rey es un perro (Eliano).
- Las perlas son gotas de rocío que caen sobre las ostras (Plinio).
- El sol tiene la anchura de un pie humano, y no aumenta de tamaño (Heráclito).
- Hay muchos males en Grecia, pero ninguno tan grande como los atletas (Eurípides).

---

1   Parece increíble que un reciente libro del profesor neozelandés Armand Marie Leroi considere el padre de la ciencia moderna a quien lanzó semejantes afirmaciones. "Las contribuciones científicas de Aristóteles —dice Leroi— tienen más peso que las de Platón". ¿Se imaginan las de Platón?

- Según chisme de Aristóteles, Eurípides tenía halitosis.
- También según Aristóteles, Pitágoras mató de un mordisco a una serpiente que un poco antes lo había mordido a él.
- Platón había sido luchador profesional. De hecho, ese no era su nombre, sino su apodo de combate, que significa "ancho de hombros".
- Demócrito se sacó los ojos creyendo que así podría concentrarse más en sus pensamientos.
- Preguntado si la Tierra era redonda, Sócrates respondió: "No he asomado la cabeza para mirar".
- A Aristóteles le preocupaba saber por qué "nadie se hace cosquillas a sí mismo".
- También se preguntaba "¿Por qué la gente bosteza cuando ve bostezar y orina cuando ve orinar?"
- A Platón le parecía "totalmente ridículo" el nombre de la geometría.
- Otra inquietud de Aristóteles: "¿Por qué los eunucos no se quedan calvos?" (Aristóteles era calvo).
- Esquilo fue uno de los más grandes dramaturgos de la Antigüedad, pero sólo quería que lo recordaran como participante en la batalla de Maratón.[1] Así lo dice su epitafio.[2]

---

1   La batalla de Maratón se celebra anualmente en muchos lugares del mundo. La más famosa es la de Nueva York.

2   Hablando de calvos y de difuntos, Esquilo murió cuando un águila que lo sobrevolaba con una tortuga en las garras la dejó caer sobre su cabeza. Se dice que, como Esquilo era calvo, el brillo del sol hizo creer al águila que se trataba de una piedra donde podría quebrar el caparazón de la tortuga. Pero, primero, nadie habló con el águila para saber qué pensaba. Segundo, ¿alguien cree, seriamente, que un águila es capaz de raciocinio tan inteligente y práctico? Tercero, ¿por qué no nos dejan tranquilos a los calvos, coño?

- Diógenes proponía ejercer el incesto y comer carne humana. Arquímedes calculó que en este puto mundo había 8^{1063} granos de arena, o algo así.

- Aristófanes afirmaba que existía una raza humana de seres con cuatro manos, cuatro pies, cuatro orejas, dos órganos sexuales y una sola cabeza.

- Una de las dos mujeres de Sócrates, la feroz Jantipa, le arrojó una vez desde una ventana el contenido de una bacinica. Sonriendo, el filósofo comentó: "Sabía que caería un chaparrón después de unos truenos tan ruidosos".

- También Esquilo, el de la tortuga, fue víctima de un bacinicazo lanzado por un espectador a quien no gustó una de sus obras.

- Esquilo murió de 69 años; Eurípides, de 80 y Sófocles, de 90: sus obras son eternas, pero faltó poco para que ellos también lo fueran.

- A los grandes errores de los griegos habría que sumar el haber inventado los Juegos Olímpicos cuando aún no existía la televisión.

Siguen las guerras

No se crea que por haber representado una edad dorada del pensamiento y las artes los antiguos pobladores del Mediterráneo dejaron de pelear, atacarse y matarse.

Ahí están, por ejemplo, la Guerra del Peloponeso (siglo V a. C.), en la que Esparta venció a Atenas, y la batalla de Leuctra (siglo IV a. C.), en la que Atenas venció a Esparta. También las Guerras Médicas (siglo V a. C.) en las que, armados de bisturíes y jeringas hipodérmicas, peleaban cirujanos persas contra profesionales griegos de la salud.

Aprovecho la ocasión para mencionar también las tres Guerras Púnicas (siglos III y II a. C.), que enfrentaron a Roma —sucesora del poder de Grecia— y Cartago —heredera del poder fenicio— durante 90 años. Es fácil adivinar el desenlace del duelo, si uno piensa que Roma es hoy una de las ciudades más turísticas del mundo y en cambio no se sabe bien dónde quedaba Cartago: ¿en el departamento del Valle del Cauca, Colombia? ¿En una provincia de Costa Rica? ¿En Ontario, Canadá? ¿En Arkansas, Carolina del Norte, Dakota del Sur, Illinois, Indiana, Maine, Misisipi, Misuri, Nueva York, Ohio, Tennessee o Texas (Estados Unidos)? En todos estos puntos la sitúan los mapas. Incluso en Túnez.

Uno de los problemas de las guerras es que las libran legendarios guerreros, y estos tipos son gente que sólo está contenta cuando anda metida en batallas y peleas. Permítanme presentarles a uno de ellos.

Un grande: Alejandro

Alejandro Magno es un caso extremo en cuestiones bélicas. Había nacido en el 356 a. C. en Macedonia, entonces parte del mundo griego, y heredó el trono cuando fue asesinado su padre, Filipo II, al parecer por un pleito entre homosexuales. Alejandro tenía entonces 20 años, intentó convertirse en el primer buzo submarino[1] y fue discípulo de Aristóteles. Ya

---

1 Una vez se introdujo en una tinaja hermética protegida por una jaula y descendió casi 150 metros en las aguas del Mediterráneo. La aventura tuvo un curioso final, porque un enorme

desde entonces el joven demostró ser gobernante de armas tomar, quizás porque Aristóteles le había enseñado que "la guerra es necesaria para la paz".

Decidido a seguir las lecciones de su mentor, empezó por imponer orden en tierras macedonias. Como allí no le fue mal, decidió seguir por Asia y África: conquistó la actual Turquía; sometió Siria y Jordania; aplastó Tiro (Líbano) y anduvo por Israel y Palestina; peleó en Irán, Afganistán, Pakistán y la India, y avanzó por Egipto hasta Libia.[1] Todos los lugares que hoy vigilan o atacan los drones de Estados Unidos ya los había vigilado y atacado Alejandro, sin necesidad de radares, satélites, pólvora ni tonterías. El único parecido de su ejército de 45 000 hombres y el de los Estados Unidos de hoy es que el de Alejando tampoco tenía pilotos.

Su meta principal era Persia, que quiso despistarlo autodenominándose "Imperio aqueménida", pero no lo logró. La leyenda anunciaba que quien desatara cierto nudo ciego en la ciudad de Gordio, capital de Frisia, conquistaría el Asia. Alejandro no era hombre de papeleos ni demoras, de modo que cuando le presentaron el nudo lo cortó de un espadazo y de varios tajos más se apoderó de medio continente.

El episodio del nudo gordiano ya hacía pensar que Alejandro era bastante quisquilloso, y lo demostró luego

---

pez arrastró la jaula y la lanzó en una playa con todo su contenido. Se le considera, por ello, el inspirador de Pinocho. Aterrado, Alejandro no volvió a bañarse.

1   Los países que ahora conocemos con los nombres citados tenían antes extrañas denominaciones, como Bactriana, Carmania, Partia, Jonia, Cilicia, Caldea, Asiria, Dranciana, Gedrosia, Atropaterna, Parapamisos, Orites… Había nueve Alejandrías y ningún país terminado en "istán". Pero esto no es nada: no alcanzan a imaginar ustedes los nombres que les ponían a los perros…

al mandar matar a 10 000 tirios por pura tirria. Al mismo tiempo, era capaz de emotivos actos de compasión. Cuando supo que su gran enemigo, Darío III, rey de los persas, había sido asesinado, cubrió el cadáver de su adversario con su propio manto, lloró y, en un gesto conmovedor, ordenó que Bessos, autor del crimen, fuera descuartizado mediante un ingenioso sistema: dispuso atar los costados de su cuerpo a dos árboles curvados que apuntaban en opuesta dirección y —dice el historiador Plutarco— "al soltarlos, cada árbol se enderezó violentamente y arrancó la parte del cuerpo que le correspondía". Adiós, Bessos.

Alejandro Magno

Su vida privada ha provocado milenarios debates. Aún se discute si era gay o tan sólo amigo cariñoso de sus amigos. Lo cierto es que, de haber sido homosexual, se habría tratado de un homosexual muy curioso pues se casó al menos tres veces con mujeres bellísimas, tuvo al menos dos amantes y crio al menos dos hijos.

Alejandro montó una insuperable maquinaria de guerra encabezada por su caballo Bucéfalo, gracias a la cual estableció una de las más vastas monarquías hegemónicas de la historia antigua. Después de viajar, pelear y cortar nudos durante doce años, acudió en el 323 a. C. a una parranda celebratoria en Babilonia. De allí salió gravemente enfermo y falleció una semana después. Tenía 32 años.

Las circunstancias de su temprana muerte han sido tema de discusión desde hace 2 300 años. La lista de posibles causas incluye leucemia, viruela, alcoholismo, derrame cerebral, malaria, tifoidea, envenenamiento, tristeza por la muerte de un querido amigo, infección producida por un flechazo en el abdomen y, como es obvio, manos criminales: ¿las de Ptolomeo, su general más cercano?; ¿las de Eumenes, su secretario?; ¿las de unos coroneles traidores, como ha ocurrido otras veces en Grecia?; ¿las de Oliver Stone, en su película *Alexander*?; ¿las de terroristas persas?; ¿las de la CIA?

Continuamos esperando la "investigación exhaustiva".

5

matador

La Roma antigua

Muchos siglos antes de que arribaran a Roma las hordas de turistas y otras hordas, habían llegado los etruscos. Poco aportaron los etruscos a lo que hoy es Italia, para no hablar del lamentable aporte de los turistas. Comencemos por decir que daban a su rey el título de *lucumón*, que más parece el nombre de una fruta o un insulto. Por ahí dejaron algo de alfarería, algo de navegación y mucho de ciencias ocultas. Los etruscos pretendían adivinar el futuro, es decir, la voluntad de los dioses, en cualquier objeto o signo exterior. Por ejemplo, orientaban su vida a partir de la observación de las tripas de animales, porque sostenían que un hígado, unos riñones o un bofe les permitían desentrañar —nunca mejor dicho— el porvenir. También interpretaban supuestos mandatos divinos en los truenos, los relámpagos, el vuelo de las aves e incluso —juro que es verdad— la manera como las gallinas picoteaban los granos de comida.

A esta idiotez la llamaron "mántica" y lo lamentable es que en ella creen todavía millones de personas en el planeta: los que examinan la bola de cristal, los que leen el tarot, los que siguen el horóscopo, los que hurgan con ansia los restos de chocolate en la taza, los que revuelven zahoríes las huellas de la ceniza en el tabaco, los que interpretan los sueños, los que creen en los boletines de prensa oficiales…

Mejor influencia que los etruscos ejercieron los griegos sobre los italianos primitivos, en quienes infundieron su religión, sus artes y sus mitos. La pobreza latina en estas materias condujo a que Roma copiara a los atenienses y se convirtiera en intermediaria de la cultura griega. Por lo cual no sólo cierta lucha gimnástica se llama grecorromana, sino también la civilización que fundó al mundo occidental. Tal vez aproximaron a Roma y a Atenas sus propios y terribles defectos: los griegos eran políticos esenciales y los romanos, abogados natos.[1] Una mezcla peligrosísima, como se ha demostrado después en la totalidad de este puto mundo.

Uno de los mitos griegos incluye al Lacio (sede de Roma y los latinos) como capítulo de la guerra de Troya que relataba Homero. La trama es un poco complicada, porque incluye la huida de Eneas, héroe de la epopeya, hasta llegar a predios del rey Latino, donde el aventurero griego se mete en nuevos líos hasta que dos hermanos (Numitor y Amulio o bien Rómulo y Remo) fundan Roma.

---

1 Para ser justos, también eran excelentes ingenieros y arquitectos. Por eso nos legaron acueductos, coliseos, templos, teatros, edificios y 85 000 kilómetros de vías. ¿Se imaginan lo que habrían construido si hubieran tenido una sola grúa, una sola apisonadora, una sola excavadora, una sola tuneladora?

Chiquitos pero matones

Roma: allí queríamos llegar Eneas y yo. La fundación ocurre en el año 753 a. C., fecha bastante lejana de aquella en que se libró la guerra de Troya (1080 a. C.); pero sucede que los antiguos no sabían calcular con certeza sus almanaques porque ignoraban cuándo nacería Jesucristo, momento en el cual dio vuelta a la numeración. Tampoco pudieron descifrar si Cristo nacía en el año cero o en el año uno, y cada vez que hay cambio de siglo los columnistas se dividen en tres: los que celebran la fecha en el 99, los que la festejan en el 00 y los que festejan durante 24 meses seguidos. Volveré sobre este tema, que me inquieta mucho.

Abrevio: de las dos parejas de hermanos, los dioses reconocieron como fundadores a Rómulo y Remo y ungieron rey al primero. Surge así el milenio dorado durante el cual Roma se convirtió en el principal imperio occidental. Conquistó primero la península itálica y luego todo el continente; impuso el latín en los colegios; inventó el derecho romano; se peleó con los africanos[1] y los incitó a avanzar sobre Europa encaramados en elefantes (por lo cual "avanzar" era un verbo que se conjugaba a dos kilómetros por hora);[2] aplastó a los macedonios; forzó al rey Pirro, epirense, a una victoria que lo arruinó;[3] ocupó Egipto, Palestina y Siria; liquidó lo que quedaba de Grecia; venció a los galos;[4] dominó en España a

---

1 Ver Guerras Púnicas en el capítulo anterior.

2 Ver Aníbal en cualquier enciclopedia.

3 Efectivamente, lo adivinó. Éste fue el del famoso "triunfo pírrico". Felicitaciones.

4 Ver Asterix.

las tribus que la habitaban y se apoderó a la fuerza de todas las islas grandes que se le atravesaron en el Mediterráneo,[1] hasta establecer en firme el éxito comercial de las películas de romanos[2] y trasladar el trono a Constantinopla en el año 357 d. C., como veremos más adelante

Desde ese momento se impuso el cristianismo en el imperio, surgieron las discusiones bizantinas y empezó la famosa decadencia y caída de Roma, hasta convertirse en punto de mira de las invasiones bárbaras, que la arrasaron en el siglo V. Regresaremos a los bárbaros en el capítulo séptimo: ellos también solían volver.

Lo interesante es que mientras Grecia desplegaba su sabiduría como un pavo real, Roma no era nada, apenas una ciudad pobretona, y los latinos, sus habitantes, ni eran poderosos ni parecían interesados en invadir a nadie. De hecho, vivían apenas en 6 000 kilómetros cuadrados, la mitad de la extensión de las islas Malvinas.[3]

Por eso el historiador alemán Alfred Heuss se pregunta cómo pudo ser que un pueblo de tan menguada importancia llegó a convertirse en uno de los imperios más extendidos y potentes de la Historia. La respuesta es muy sencilla, y la voy a dar a Heuss y a los lectores de este libro: la ex-

---

1 De todos los enemigos vencidos por Roma, al lector contemporáneo quizás sólo le llame la atención el rey Yogurto, de Numidia, por sus bajas calorías y sus beneficios para el tránsito intestinal.

2 No recomiendo *El manto sagrado* con el insoportable Victor Mature. Es mucho mejor *Quo vadis*.

3 Como las Malvinas, Roma tampoco era ni es de los ingleses, aunque miles de ellos se paseen por sus calles durante el verano.

plicación es que Roma era, como Pancho López, chiquita pero matona.

La prueba es que los militares romanos no se abstenían de conquistar ningún territorio que divisaran sus ojos; lo hacían gracias a disciplinadas legiones de soldados que usaban minifalda y derrochaban habilidad y valor. Mientras tanto, en la capital, sus reyes, césares y emperadores cometían toda suerte de locuras: envenenaban a sus parientes, incendiaban ciudades, según se dice calumniosamente de Nerón, o nombraban cónsul a su caballo, como Calígula. Dicho sea de paso, el caballo, Incitatus, que era un purasangre español, resultó mucho mejor cónsul que Calígula emperador.

Según la ley, del registro ciudadano de la república, y más tarde del Imperio romano, había que tachar un enorme número de inútiles, degenerados, idiotas, pervertidos y pirómanos[1]. Al final, sólo quedaban a salvo unos pocos individuos. En realidad, dos: Julio César (100 a. C. - 44 a. C.) y Constantino I (272-337).

Si uno se fija bien, los jefazos romanos tenían determinados nombres, pero los conocían por otros: Calígula en realidad se llamaba Cayo Julio César Augusto Germánico.

---

1 El famoso Nerón (años 37 a 68) fue degenerado, pervertido, parricida e idiota, pero no pirómano, como pretende el irresponsable cine norteamericano, que lo acusa de haber incendiado a Roma en el año 64 mientras cantaba con su lira. El respetado historiador Tácito afirma que el emperador se hallaba en Anzio cuando ardió parte de la ciudad. Enterado, regresó de inmediato a Roma y de su propio peculio costeó un plan de socorro, alimentos y ayuda a las víctimas, además de alojarlas en su palacio. Es verdad, sin embargo, que muchas de ellas huyeron cuando Nerón quiso entretenerlas con sus abominables cantos.

En cuanto a Augusto, cuando niño no era más que Cayo Julio. Resulta curioso observar que lo mismo acontece con los líderes soviéticos: Lenin tenía por nombre Vladimir Illich Ulianov, y Lev Davidovich Bronstein fue conocido como León Trotsky. ¿Qué significa esta extraña coincidencia? Los historiadores están divididos. Unos sostienen que los líderes romanos eran comunistas, y otros afirman que Lenin y Trotsky eran romanos.

Julio César: conquista en minifalda

Pero vamos a Julio César, que nació exactamente un siglo antes de Cristo y murió de 56 años. Fue un gobernante poderoso y exitoso, atributos que debe sobre todo a dos circunstancias: primera, pertenecer a familias poderosas; segunda, haber emprendido campañas militares con éxito. En efecto, ingresó a la política gracias a la influencia de su tío Cayo Mario y heredó el pontificado de otro tío, Cayo Aurelio Cota. Con un pie en la política, que le permitió alcanzar la magistratura, puso el otro pie en la religión, donde llegó a ser

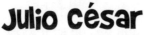

Julio César

flamen dialis, cargo que hoy no existe y por eso, y por viejos problemas con el latín clásico, no me detengo en él. Finalmente asentó con firmeza un tercer pie en el terreno militar.

Convertido en pretor, edil, cónsul, triunviro, cuestor y otras cuestiones, visitó muchas de las comarcas que Roma había conquistado, como Hispania, y conquistó las que no pudo visitar. Su mayor victoria fue la reafirmación del Imperio romano en las Galias (actual Francia y alrededores) y la exploración y control de Britania y Germania, puntos atrasados y paupérrimos de Europa que luego llegaron a ser las influyentes Gran Bretaña y Alemania. Esto demuestra que es un error despreciar a los menesterosos, porque en cualquier momento —dos mil años después, por ejemplo— pueden dar la sorpresa.

Gracias a sus conquistas y su habilidad como jurista, Julio César se convirtió en el hombre público más importante de su tiempo, no sin antes vencer también a algunos de sus coterráneos que le temían, lo envidiaban o ambas cosas a la vez. De su vida sexual se decía que era "el marido de todas las mujeres y la mujer de todos los maridos". Qué cansancio cualquiera de las dos situaciones. También se pensaba que era un genio en todos los territorios del saber. El célebre historiador italiano Guillermo Ferrero, que escribió cinco volúmenes (¡cinco!) sobre *La grandeza y decadencia de Roma*, asegura que "en nuestros días, Julio César podría haber sido un gran industrial en Estados Unidos, un gran minero en el África meridional, un gran sabio o un gran escritor en Europa". Y, agrego yo, un gran teólogo en el Vaticano, pues fue autor de un estudio religioso; y un gran gramático en Colombia, pues escribió un tratado sobre esta ciencia; y un gran astrónomo en Monte Palomar, pues tenía teorías propias sobre las estrellas y los planetas. Era, como se ve, una mezcla de Winston Churchill, Isaac Asimov y Pelé, solo que Pelé juega futbol, toca guitarra, canta y aconseja cómo vencer la disfunción eréctil, y Cayo Julio César Augusto Germánico, no.

Las épocas de prosperidad que trajo su gobierno provocaron, como suele ocurrir, una corrupción desaforada. Abundaban los nuevos ricos[1] y los derrochadores, pululaban los usureros y los banqueros y florecían los aduladores y lameculos. Tampoco faltaban los enemigos, un grupo de los cuales acabó con su vida en marzo del año 44 a. C.

Cuando lo asesinaron, César preparaba la conquista de Persia y quería que lo elevaran a emperador o, como mínimo, rey del imperio. Sobre el crimen se ha esparcido una falsa versión que conviene aclarar. Según ella, fue apuñalado en el edificio del Senado por su propio hijo, y en el momento de morir se cubrió con la toga y musitó: "¿Tú también, Bruto, hijo mío?" Más bruto es el historiador que sostenga semejante patraña, pues está demostrado que recibió el ataque en el teatro o curia de Pompeyo, una especie de centro cultural y deportivo donde se hallaba despachando el Senado. No fue tampoco víctima de un descendiente suyo, sino de una pandilla de conspiradores, uno de los cuales era "como un hijo" para él.[2] Era el tal Bruto, Décimo Bruto.

Poco antes de que ocurriera el crimen, un simpatizante de César intentó alertarlo sobre la conjura, pero no logró hacerlo. Entonces cayeron sobre él los asesinos: Tulio dio la señal, Casca lo hirió con arma blanca en el cuello, el herma-

---

1 Un ejemplo es el romano Eurisaco, que se hizo rico como panadero, multiplicó su fortuna revendiendo esclavos y alcanzó el *top ten* de los multimillonarios de la República merced a sus negociados con entidades del Estado y el Ejército. Cualquier parecido con casos actuales es mera coincidencia.

2 Ferrero señala que "las palabras a Bruto y el gesto de cubrirse con la toga son una fábula", una "fantástica leyenda". Shakespeare y Hollywood no lo supieron a tiempo.

no de Casca le cascó en el costado y Bruto le propinó una estocada en la ingle. Luego los cuatro siguieron pinchándolo y cortándolo. Plutarco informa que el cadáver acusó 23 heridas. Por fortuna, como en el corrido de Rosita Alvírez, sólo cinco eran mortales.

6

matador

La Roma menos antigua

En tiempos de Julio César, e incluso mucho antes y algo después, reinaba en Roma el paganismo. Era una telaraña de creencias heredada de los griegos que se caracterizaba por sus múltiples dioses, a los cuales los romanos, que no eran la gente más imaginativa del planeta, les cambiaban el nombre y a veces la peripecia y quedaban convencidos de que habían creado su propia religión. Por ejemplo, el superdiós griego del cielo, Zeus, se llamó Júpiter en Roma; Apolo, dios del sol y la belleza, se transformó en Febo; Afrodita, diosa del amor, fue conocida entre los latinos como Venus; el romano Mercurio es el mismo Hermes, dios griego del comercio y dios francés del perfume; y Poseidón, rey del mar en Grecia, en Roma es Neptuno y en España brinda protección (bastante limitada) al Atlético de Madrid.

No quiero entrar, como ya lo advertí, en los laberintos pecaminosos que entrelazan las historias de los dioses grecorromanos, porque muchos niños leerán este libro en voz alta y los padres podrían escandalizarse. Repasemos sólo los problemitas que acosaron a Clitemnestra, hija de Zeus y de una cisna o cisne hembra llamado Leda, que puso dos huevos. Uno fue fecundado por el superdiós y el otro por Tindáreo, su legítimo esposo. Este último era de dos yemas, pues de él nacieron Cástor y Clitemnestra.

Se casó Clitemnestra con un tal Tántalo, y procrearon un encantador bebé sin necesidad de poner huevos. Pero el guerrero miceno Agamenón se enamoró de Clitemnestra y procedió a asesinar a Tántalo y al bebé para desposarse con ella. Una de las hijas que tuvieron, Ifigenia, figura como desaparecida por intrigas de la diosa Artemisa. Cuando Agamenón parte a la guerra de Troya, encarga el cuidado de su esposa a su primo Egisto, que la cuida con tanto esmero que se convierte en su amante. Al regresar Agamenón, llega acompañado de la princesa troyana Casandra, lo cual provoca la ira de su esposa. Resultado: Clitemnestra decide dar muerte a Agamenón y Casandra. Como si no bastara con tan abundante luto familiar, dos hijos de la víctima y la victimaria, Electra y Orestes, deciden vengar a su padre y proceden a asesinar a Clitemnestra. Como Egisto andaba por ahí, también se lo cargan.

Y así ocurre con casi todo en el morboso mundo de la mitología clásica, aunque al menos en este caso Clitemnestra no se acostó con ninguno de sus críos, gesto de buen gusto que no puede decirse de la mamá de Edipo y su hijito, que sí compartieron lecho. Para mayor ironía, ella se llamaba Yocasta.

Pues bien, esta clase de personajes y de anécdotas eran las que reinaban en el mundo religioso grecorromano. Parece increíble, pero esos mismos ciudadanos que dejaron códigos y legislaciones prodigiosas que se estudian todavía en las escuelas de Derecho[1] creían en semejantes mitos absurdos e irracionales.

Otro grande: Constantino

Fue entonces cuando llegó Constantino (272-337), el primer emperador romano que profesaba la religión fundada tres siglos antes por Jesús de Nazaret en Palestina. El cristianismo, que creía en un solo dios, demolió las patrañas paganas y en cambio explicó que Dios era al mismo tiempo padre, hijo y un tercer elemento llamado Espíritu Santo, pero que, siendo lo mismo, eran distintos. También contó que el hijo de Dios lo era del padre y el Espíritu Santo; que María, una virtuosa mujer, quedó embarazada del Espíritu Santo sin la ayuda de José, su esposo, y sin estropear su virginidad. El niño

Constantino

que fue concebido de tan extraña manera predicó una nueva verdad, realizó numerosos milagros y murió para salvar a la humanidad. Tres días después de crucificado resucitó y charló con sus apóstoles. Unos años después, los cuerpos de madre e hijo volaron al cielo escoltados por una legión de ángeles, y allí se encuentran en la actualidad.[2]

---

1 Generalmente en la clase de las 7:00 a.m., para no turbar el persistente sueño de los alumnos.

2 El historiador Tácito (años 55-120) tildó estas creencias de "supersticiones execrables" y sus contemporáneos llamaban

La versión difundida por los delegados de Jesús, principalmente Pablo de Tarso y cuatro autores más, empezó a revolver el mundo pagano de Roma desde los primeros años de nuestra era. Su prédica era revolucionaria: "Amaos los unos a los otros". Los emperadores, no obstante, creían en una doctrina muy distinta: "Armaos los unos contra los otros". Fieles a ella, persiguieron con saña a los primeros cristianos y propiciaron una larga lista de mártires que obtenían pase VIP de santidad para entrar directamente a la gloria.[1] A pesar del macartismo anticristiano y la violencia ejercida contra los que profesaban la nueva fe, la religión procedente de Jerusalén sedujo a Flavio Valerio Aurelio Constantino, proclamado emperador en el año 306. Constantino había sido un gobernante aguerrido, que extendió aún más el Imperio y montó *outlet* o sucursal de su trono en Estambul. Disputado su mando por dos rivales, Licinio y Majencio, los venció a ambos y consolidó bajo un solo puño el Imperio romano.

Con él, Roma abandonó el paganismo y adoptó la religión de aquellos a quienes perseguía.[2] Es como si Tel Aviv se volviera sede religiosa mahometana o Irán se convirtiera al judaísmo. Constantino tiene el récord de haber lanzado tres Iglesias: la católica, la ortodoxa y la católica bizantina

---

"cretinos" a los cristianos. Pero todos ellos pensaban que el mar se embravecía porque estaba irritado Neptuno, un dios barbudo que vivía en el fondo del océano con un tridente en la mano y una coronita en la cabeza. ¿Quién habla, pues, de cretinos?

1   Diocleciano figura en los libros de historia de la infamia con 3 000 cristianos asesinados y Septimio Severo, con 3 500.

2   Curiosamente, el Imperio nunca se matriculó oficialmente en el cristianismo, y el propio Constantino sólo fue bautizado cuando agonizaba en su lecho de muerte.

griega. Por eso algunos lo llaman Constantino el Grande y otros, más modestamente, san Constantino, a pesar de que mandó matar a su mujer y su hijo mayor.[1]

A partir de entonces, el cristianismo saboreó las delicias del poder temporal, y sigue saboreándolas gracias a la enorme influencia terrenal a la que Constantino abrió las puertas.

---

1 Este tipo de decisiones familiares eran bastante comunes en los pasillos romanos del poder. Calígula asesinó a un primo; Caracalla, a un hermano; Nerón, a la mamá. A Claudio lo envenenó Agripina, su quinta esposa. Y eso que dicen que "no hay quinta mala".

matador

Las hordas bárbaras

El Imperio romano había empezado su decadencia desde tiempo atrás. Qué tan atrás es lo que aún debaten los historiadores decadentes. Lo cierto es que en el año 476 se cayó del todo. Fue un desplome muy sonado, pues marcó la salida del último emperador, Rómulo Augústulo[1]. Lo que disgustó a los europeos no fue la agonía del Imperio romano, que después de 1 229 años de dominio ya los tenía desesperados, sino los personajes que los sustituyeron: ¡habían llegado los bárbaros![2] En efecto, a Augústulo

---

1   No hay que dejarse impresionar por las semejanzas en los nombres de los emperadores. Hasta en eso les faltaba imaginación a los romanos. Eran 40 millones de hombres y 40 millones de mujeres, y casi todos los varones se llamaban Marco, Augusto o Aurelio y todas las hembras se llamaban Julia o Antonia. La prueba es que el primer rey llevó por nombre Rómulo; el primer emperador, Augusto, y el último en la lista fue Rómulo Augústulo. Bien merecía que lo derrocaran los bárbaros.

2   La palabra "bárbaro" significaba en griego "extranjero",

lo derrocó un germano peludo y halitósico llamado Odoacro, seguramente por el acre olor que despedía.

Los bárbaros asolaron sin piedad los territorios donde se hablaba latín. Su incómoda presencia se había manifestado desde principios del siglo v en varias colonias romanas, principalmente en Francia y España, ocupada esta última por los pacíficos celtíberos. En España campearon, entre otros, los suevos, que eran unos vándalos con los sujetos celtíberos, y los vándalos, que tenían sujetos a los celtíberos por los suevos.

Los bárbaros llegaban de cualquier punto. Algunos descendían de la nieve, acosados por el frío; otros provenían de las costas africanas, quejosos del calor; la mayoría habían realizado largos viajes desde las tierras asiáticas donde florecen los ojos rasgados. Unos de los invasores más famosos fueron los godos, que más que pueblo constituían una marca. Marca que, a su turno, dio origen a otras: los visigodos, que arribaron del sur; los ostrogodos, que arribaron del norte, y los bicigodos, que arribaron en bicicleta. A la lista de visitantes no convidados habría que agregar a los vikingos, piratas rubios y barbudos que aparecieron en Inglaterra en el siglo VIII y en los dos siglos siguientes llegaron a Rusia, Normandía, Islandia, Terranova, y en el año 1000, al norte de la futura América. Esa vez los pielrojas sacaron corriendo a los carapálidas. Pero fue la última.

Con Roma sepultada bajo el peso de su propia corrupción e indolencia y ante la ausencia de un centro de poder que la remplazara, las hordas bárbaras aprovecharon su hora y convirtieron a la naciente Europa, al mismo tiempo,

---

a raíz del extraño sonido que tenían las lenguas de los burdos conquistadores. ¿Qué tal que hubieran escuchado a un rapero de Harlem?

en un festín y un botín. Entre los simpáticos personajes que ocuparon el lugar donde antes vivieron Sócrates, Pericles, Alejandro Magno y Julio César no puedo dejar de mencionar a Alarico I y Atila.

Alarico, ¡qué bárbaro!

Ocupémonos de Alarico primero, aunque en realidad fue el segundo: el segundo rey visigodo, nacido hacia el 370 y fallecido en el 410. Para los italianos de la época, Alarico era un bárbaro atrabiliario y salvaje. Hoy sería un pulcro ciudadano de la Unión Europea, pues estos "extranjeros" no venían de la China ni del Congo, sino de países que ahora pertenecen a la comunidad continental. Incluso, el brutal Alarico emparentó con la nobleza británica, pues su hija se casó con el rey anglosajón Brond, James Brond, antepasado del fundador de la Casa Real de Wessex

Alarico II

y vinculado a los actuales Windsor. ¡Quién podría imaginar que el tiquismiquis de Carlos de Inglaterra desciende de un sujeto apestoso que comía con los dedos, se hurgaba las narices en público, eructaba en los banquetes y arrastraba por los pelos a las señoras que tomaba como botín![1]

---

1 Algunos parientes cercanos de Alarico en Gran Bretaña eran Alfredo el Grande, Eduardo el Viejo, Edwy el Bello y Etelfredo el Indeciso. El pobre rey bárbaro debió de pasar más de una vergüenza.

De niño, Alarico se bañó en las aguas del Danubio azul y vio las primeras luces en Tracia, territorio que hoy es parte de Bulgaria, Grecia y Turquía. De mayor, no volvió a bañarse nunca y las últimas luces que vio fueron las de Roma, saqueada e incendiada por sus hordas. *Il sacco de Roma*, del que aún se habla con espanto en la Ciudad Eterna, fue un sangriento anticipo de la liquidación del milenario imperio.

Alarico había sitiado a Roma en dos ocasiones anteriores, pero esta vez entró a la urbe y arrasó con ella en agosto del 410. Entre otros tesoros, se llevó a la hija del emperador Honorio. Finiquitado el saqueo, emprendió camino rumbo al sur, pero a las pocas semanas falleció de muerte natural —cosa bastante curiosa— en Cosenza, un sitio aburridísimo donde hoy se fabrican muebles. Las especialidades de la mesa cosentina son los *turdiddri*, los *cuddrurieddri* y las *pipareddre* fritas, acompañados de una botella de *Donnice doce e dop*. Es probable que estos indómitos platos fueran la causa de su lamentable deceso.

Atila: todo un caballero

Si Alarico mostró hasta dónde puede llegar la zafiedad y violencia de los godos, Atila es otra cosa. Otra cosa mucho peor. Como aquel, había nacido Atila a orillas del Danubio a fines del siglo IV, pero no comandaba una tribu goda sino una especie de parranda de pueblos asiáticos que, aburridos de recorrer las estepas y pelear contra chinos y mongoles, asomaron el

Atila

hocico en el oriente de Europa en el siglo IV. Y cuando menciono el hocico no pretendo insultar a los hunos, que bastante vituperados han sido en los últimos 16 siglos, sino señalar que, antes de que se viera a los indeseables nómadas, en el horizonte surgían las cabezas de sus caballos, pues ha de saberse que los hunos no se bajaban de estos animales ni para dormir. Estrictamente, unos caballeros. Eran jinetes portentosos que llevaron el estribo a Europa y dominaban a la perfección el arco, la flecha, la espada, la soga y el pillaje.

El historiador romano Amiano Marcelino los describe así: "Son seres imberbes como eunucos, musculosos, salvajes, extraordinariamente resistentes al frío, el hambre y la sed, desfigurados por la práctica de ceremonias de deformación craneana y circuncisión. Desconocen el fuego, la cocina y la vivienda". Salvo el detalle de la circuncisión, cabría aplicar la misma descripción a sus caballos.

Para mayor ilustración, Amiano añade: "Son pequeños y de caras horribles donde apenas se reconocen rasgos humanos. Más que hombres, parecen bestias de dos patas… Llevan casacas de piel de gato salvaje y zamarros de cuero de cabra. En vez de cocer la carne con que se alimentan se limitan a calentarla manteniéndola entre el lomo del caballo y sus propios muslos". En otras palabras, devoraban carne sudada entre la bestia de cuatro patas y la de dos.[1]

El jefe de esta aglomeración espeluznante era Atila, conocido como "el Azote de Dios" y "el Enemigo del Jabón". Lo grave no es que fuera el azote de Dios, porque Dios sabe cómo defenderse, sino que también lo era de los pueblos que se atravesaban en su camino. El único consuelo que tenían

---

[1] Ya lo saben, pues, los aficionados al *steak tartare*…

las pobres gentes era que la aparición de las hordas hunas estaba precedida por ciertos signos: primero, un intenso olor a gato, cabra y axila; luego un lejano ruido como de tambores que producían los cascos de 250 000 caballos[1] y finalmente el temblor de tierra por su llegada al galope. No hay que extrañarse, pues, de que, Atila afirmara orgulloso: "Donde mi caballo pisa no vuelve a crecer el pasto". Y eso que los caballos de los hunos no se limitaban a pisar y pastar, sino que hacían todas las demás cosas que los caballos hacen. El desastre, en fin, era inmenso.

Hay que decir, sin embargo, que Atila tenía algunas cualidades. Odiaba las joyas y el ornato, adoraba a sus numerosas mujeres y se hacía acompañar de forma permanente por un payaso y un enano. No debían de ser muy divertidos los bufones, pues los testigos de la época afirman que jamás lo vieron sonreír, como si se tratara de un canciller alemán.

El imperio móvil de Atila cubrió buena parte de Europa: desde Constantinopla hasta Francia y desde el Mar del Norte hasta el Mediterráneo. Los ejércitos hunos atravesaron numerosos ríos, entre ellos el Rin, el Danubio, el Po, el Sena, el Loira y el Arno… sin que —imitando a Alarico— llegaran a bañarse en ninguno. Tampoco su jefe, por supuesto, a quien el historiador Prisco describe como "corto de estatura, ancho de pecho, cabeza grande, ojos pequeños, barba entrecana, tez morena y nariz chata"[2].

---

1 La cifra es un cálculo conservador: un caballo por cada dos soldados. El historiador alano Jordanes calculó en el año 552 que en algunos casos el ejército de Atila llegó a contar con 500 000 hombres. Es posible que exagerara: los alanos no son famosos por sus historiadores, sino por sus perros.

2 Uno siempre conoce a alguien que se parece a Atila. ¿No

En el año 452, Atila se presentó en Roma precedido de toda suerte de tropelías y pillajes en numerosas ciudades. Pretendía casarse con Honoria, hermana del emperador Valentiniano, y reclamar vastos territorios. Sin embargo, una entrevista con el papa León, que era un tigre para negociar, lo hizo desistir de sus nefastos planes. Todo indica que el sabio pontífice le recordó que, inmediatamente después de saquear Roma, Alarico había muerto de manera extraña 42 años antes. Aterrado de que lo persiguiera una maldición, Atila renunció a Honoria y a sus aspiraciones de terrateniente y se marchó con su gentuza de forma rauda y pacífica. Para sorpresa del propio Papa, pocos meses después el jefe huno se casó por enésima vez y en plena noche de bodas le sobrevino una hemorragia y murió en el acto.

Fue muy lamentado por sus guerreros, que, sintiéndose desamparados, se cortaron el pelo en señal de luto (pero no se bañaron). Lo lloraron también sus numerosos huérfanos y viudas y, sobre todo, Othar, su caballo, que quedó desamparado, huérfano y quién sabe si también viudo.

Gengis Kan: el puto amo

El campeonato de los más grandes bárbaros de la Historia tiene, además de Alarico y Atila, otro firme candidato al título: Temujin, mejor conocido como Gengis Kan ("Emperador universal"). Como los otros dos competidores, era un guerrero ignorante y feroz al que seguían miles de hombres a caballo armados de flechas y espadas. Temujin comía

les parece extraño?

carne sangrante y huevos crudos, pero no probaba el pan;[1] ignoraba qué eran las letras, de modo que ni siquiera sabía que él mismo era analfabeto; sostenía a su mujer y a una querida, la una fija y la otra nómada; lo acompañaban en sus conquistas cuatro hijos varones y no había quién le sacara una sonrisa.

Él y sus hordas "parecían provenir directamente de la prehistoria", sentenció un historiador francés. Es difícil entender cómo este personaje rudimentario y silvestre llegó a ser el hombre más poderoso del planeta al despuntar el siglo XIII. Paradójicamente, fue la misma época en que el sabio inglés Roger Bacon desarrolló los anteojos, el rey de Castilla Alfonso el Sabio fomentó la astronomía y la literatura, y el físico francés Pélérin de Maricourt anticipó la ciencia moderna con un estudio sobre los polos magnéticos.

Temujin nació entre mongoles en 1162.[2] Conoció de niño el hambre y la esclavitud, y luego de huir de sus captores y de vencer en las luchas tribales conoció también China, Persia, Rusia y Afganistán, y no sólo las conoció sino que las sometió con la crueldad apabullante de sus copiosos guerreros, a los que se unieron luego los tártaros. Éstos eran tan primitivos como aquéllos, aunque añadían pimienta a la carne cruda. Luego quiso conocer Europa, y derrotó a cuantos ejércitos despacharon para atajarlo desde Polonia,

---

1 Esto impidió que inventara la hamburguesa, a la que muchos consideran hoy una comida de bárbaros.

2 Los mongoles pertenecen a la gran familia de pueblos orientales que tienen ojos rasgados, toman té y comen con palitos. En una época la China fue parte de Mongolia; hoy Mongolia es parte de la China. Así es de cambiante la Historia, para que lo tengan presente.

Alemania y Hungría. La única nación que repelió sus embates fue Japón, porque era preciso atacarla por mar y todos los bárbaros, como sabemos, le tenían pánico al agua.

A los 65 años de edad, finalmente, Gengis Kan descansó de tanta correría y tanta conquista, y el mundo descansó de Gengis Kan. Pero quedaban sus hijitos y nietecitos, que habían sido educados con los tics de papá. Ogadai, el tercero de sus vástagos, y más tarde Kublai, uno de sus nietos mayores, siguieron los pasos del predecesor y procedieron a conquistar también a Corea, Tíbet, Vietnam, Birmania, Camboya, Armenia y Georgia. Como si fuera poco, los sucedió Tamberlán, otro conquistador de los que no usaban desodorante, y sacudió a buena parte del Asia en el siglo XIV. Luego su imperio se fue desmoronando por partes, y agonizó durante medio milenio desde cuando perdió China, en 1368, hasta cuando se desmoronó del todo en Crimea en 1783. Desde entonces Crimea viene dando guerra.

Gengis can

Es verdad que poco a poco los mongoles se pulieron y civilizaron levemente, pero algo dice sobre este puto mundo el hecho de que, durante siglos, semejantes salvajes hubieran aterrorizado a buena parte del planeta y gobernado numerosos pueblos en calidad de amos absolutos. En cambio, ahora… Bueno, pues ahora las cosas no son muy diferentes, pero al menos los amos comen carne asada y huevos a la benedictina. Algunos incluso se bañan.

8

matador

Gran inauguración: la Edad Media

Sin saberlo, Alarico inauguró oficialmente la Edad Media aquella tarde en que su caballo entró a Roma, bebió agua en las termas de Caracalla y sembró de cagajón la *Domus Aurea*.

Muchos expertos fijan el año del saqueo bárbaro de Roma, 410, como el final de la Antigüedad y el comienzo de la Edad Media, una especie de jamón del sándwich histórico cuya tapa es la Edad Moderna. Dicho jamón, también conocido como Medioevo o Edad de las Tinieblas, tiene fama de haber sido un periodo de más de mil años durante el cual no ocurrió prácticamente nada. Su nombre es sinónimo de atraso, oscuridad, tiempo perdido, anonimato, quietud e intrascendencia.

Sin embargo, no fue así. Durante el milenio transcurrido entre Alarico y el siglo XV pasaron muchísimas cosas, tanto en la civilización occidental como en otras que rondaban por los alrededores. Voy a mencionar sólo algunos de los hechos sucedidos, para que se percaten los lectores de este libro; libro que no existiría de no haber sido por un hijo del Medioevo, el impresor alemán Johann Gutenberg, nacido en 1400, que en 1454 publicó el primer ejemplar que salió de una imprenta de tipos móviles. Es que en esa época no sólo eran móviles los tipos de imprenta, sino que se movían casi todos los tipos: fueron tiempos de formidable movilidad de viajeros, de navegantes, de descubridores, de cruzados, de ejércitos en marcha[1] y de coches, diligencias y carrozas tirados por animales.[2]

El afán divisionista del ser humano condujo a fragmentar aún más la Edad Media, que ya era apenas una mitad, y surgieron entonces la Alta Edad Media, la Baja Edad Media, la Gorda Edad Media, la Edad Media Tardía, la Edad Media Puntual y la Edad Medio Media. Eso sí, los historiadores más perezosos seguían afirmando que en ninguna de estas etapas había acontecido nada digno de mencionarse.

Veamos, sin embargo, algunas de las cosas que pasaron en un periodo en el que "no ocurrió nada".

---

[1] Inglaterra y Francia llevaron a cabo una contienda que se llamó la Guerra de los Cien Años. La denominación no corresponde a la verdad, pues duró entre 1337 y 1453: 116 años.

[2] La *Enciclopedia Británica* señala: "No hay duda de que, al terminar la Edad Media, Europa había avanzado notablemente en la tecnología del movimiento y fue el centro de los desarrollos en materia de transportes hasta finales del siglo XVIII". A ver quién contradice a la *Británica*...

Hábitos y monjes

La expansión del cristianismo consagró una nueva forma de vida, la de los monasterios, tranquilos y retirados edificios donde miles de religiosos se dedicaban a orar y trabajar. Algunos cultivaban los huertos; otros se esmeraban en producir licores domésticos, como el célebre *benedictino* (destilado en una abadía normanda en 1510); algunos más meditaban; los había que optaban por la música, como Guido d'Arezzo, que inventó la escritura musical aún vigente; por su parte, el abad Dionisio el Exiguo calculó y planteó hace 1 500 años el calendario histórico que impera desde entonces; otro monje, Gerberto, importó la numeración arábiga que remplazó a la romana, cuyo sistema confundía a todos al utilizar letras y no dígitos.[1]

Decenas de monjes más hacían las veces de fotocopiadoras, pues transcribían textos en pergamino a fin de multiplicar el número de libros y bibliotecas. Justamente unos de estos monjes, que tiritaban de frío en el primitivo monasterio de San Millán (La Rioja, España), escribieron a fines del siglo X las primeras palabras de lo que es hoy nuestra jugosa, robusta y hermosa lengua española.

A tono con la dinámica de los tiempos, muchos monjes salieron a recorrer caminos y cristianizar individuos de otras comarcas. San Martín evangelizó tierras francesas; san Patricio, irlandesas; san Agustín de Canterbury, inglesas; san Bonifacio, alemanas; san Cirilo, eslavas; san Ascario, escandinavas. En cambio, san Francisco de Asís (1181-1226)

---

1 Se imaginan un problema matemático planteado como MCLXVIII − (MCVII + XLI) = XX, donde la incógnita (XX) es igual al número XX de la solución (XX). ¿Captaron?

prefirió cristianizar a los animales, que le parecían menos burros que los labriegos de la época.

Un grupo de monjes (Tomás de Aquino, Alberto Magno, Umberto Eco) tenían como afición la teología y crearon una escuela de interpretación de la palabra de Dios que se llamó la *escolástica;* ésta vino a remplazar la de los primeros pensadores cristianos, la *patrística.* Como la Iglesia no cree que hombres y mujeres sean iguales, nunca se construyó la *matrística.*

¿Conque en el Medioevo no había ocurrido nada?

El Papa se desempodera

Después de un siglo de poder, el jefe del cristianismo andaba de capa caída al promediar el siglo V. (No se gana prestigio sentándose a la mesa con Atila, señoras y señores). La existencia de dos tronos romanos acabó por dividir la Iglesia y el relajamiento de costumbres que caracterizó el declive de Roma se apoderó del propio Vaticano. Fue entonces cuando los sumos pontífices empezaron a incurrir en los pecados que castigaban en sus súbditos. Por ejemplo, el papa Juan XI era hijo de otro papa, Sergio III, y de una cortesana; el papa Juan XII, también llamado Oto, vivía rodeado de concubinas; a Benedicto IX, descendiente de Juan XI, Juan XII y Juan XIII, lo eligieron siendo todavía adolescente, gracias a que su poderoso papá sobornó a la curia romana; fue pontífice en tres ocasiones, la última de ellas después de atacar la ciudad con un ejército particular, y acabó excomulgado y arrepentido.

Así las cosas, no hay que sorprenderse de que hubieran proliferado los herejes. La Santísima Trinidad era fuente de muchos planteamientos rebeldes. Los arrianos, por ejemplo, sostenían que el Hijo no había sido eterno y se trataba poco menos que de un recién llegado a la divinidad. Los nestorianos no aceptaban la doble naturaleza —divina y humana— de Jesucristo. Los docetas afirmaban que Dios nunca se había encarnado. Los albigenses insistían en que el demonio era un segundo dios. Los ecnomistianos aceptaban que en un principio Dios era tres personas, pero que con el tiempo y la inflación alcanzaba un número superior a 47 individuos. Los bizantinos decidieron acabar con todas las imágenes de Dios, Cristo y la Virgen, de modo que al estrenarse en Constantinopla *La más grande historia jamás contada* (en Cinemascope y Technicolor) la pantalla apareció en negro y el público exigió que le devolvieran el dinero de las entradas.

El reino de Alá

Mahoma

El eco de las peloteras teológicas llegó más allá de las fronteras occidentales, hasta el punto de que a fines del siglo VI y principios del VII un antiguo pastor nacido en la ciudad árabe de La Meca que llevaba el nombre de Mahoma afirmó haber recibido la visita del arcángel Gabriel, portador de un mensaje de Alá (Dios). A fuerza de predicar el supuesto prodigio se ganó la antipatía de las autoridades y tuvo que huir a Medina en el año 622. Allí adquirió gran número de seguidores que lo condujeron de regreso triunfal a La Meca. Para entonces, su doctrina estaba resumida en un libro, el Corán, y su religión tenía un nombre, el islam.

Mahoma agrupó con sus prédicas a numerosas tribus que vivían disgregadas. Unidos, los árabes o moros se convirtieron en una legión conquistadora de inesperada potencia. En menos de un siglo ocuparon toda la Arabia de la época, Persia y Mesopotamia; pasaron a Egipto, invadieron la costa mediterránea del África y saltaron al sur de Europa. Los cristianos lograron atajarlos en el centro de Francia, pero los moros moraron en la península ibérica desde el año 711 hasta 1492.

Durante estos siete siglos hicieron de Granada una de las más bellas ciudades del continente y convirtieron a Córdoba en capital de la cultura; contribuyeron con cerca de mil palabras al desarrollo de la lengua española y dejaron huella en la arquitectura, las matemáticas, la comida, la astronomía, la agricultura y la literatura. Eso sí, eran gente bastante sectaria y de escaso humor, bastante parecida a muchos de sus actuales herederos.

Durante la Edad Media, mientras peleaba Europa contra diversos bárbaros, el islam fue depositario de parte de la sabiduría occidental. El pensador cordobés Abū l-Walīd Muhammad ibn Ahmad ibn Muhammad ibn Rushd (1126-1198), a quien algún impaciente apodó Averroes, conservó el pensamiento de Aristóteles y lo enriqueció con sus propios retoques filosóficos. Los países árabes (entre ellos, el sur de España) vivieron una época cultural dorada, con espléndidas bibliotecas, avanzados conocimientos de matemáticas y grandes obras literarias, como la recopilación de cuentos de *Las mil y una noches.*[1] Eso sí, no podían celebrar sus progresos con un buen vaso de vino y un sabroso lechón al horno, pues ambos consumos están prohibidos.

Al morir Mahoma, en el año 632, su sucesión dividió en varios bandos a sus seguidores, como toda religión que se respete.[2] Ahora mismo, el islam es una de las fuerzas más poderosas del mundo y el famoso libro de Michael H. Hart sobre las cien personas más influyentes de la Historia otorga a Mahoma el número uno.

¿Conque en el Medioevo no había ocurrido nada?

Las cruzadas

La expansión de los infieles, como llamaban los cristianos a los moros dado que su religión les autorizaba hasta cuatro esposas, sembró preocupación en la naciente Europa, que era un amasijo de localidades, terratenientes y jefes políticos de provincia. A juicio de los cristianos de entonces, encarnaban la amenaza musulmana los turcos, miembros de una tribu de origen asiático bastante bárbara con querencia en Constantinopla, que se había convertido al islam. Tenían razón los cristianos. Estos mismos sujetos fundaron en 1299

---

1 Aun cuando *Las mil y una noches* es uno de los libros más vendidos de la historia, no se sabe de ningún árabe al que haya hecho multimillonario, pero sí sostiene a los descendientes de Walt Disney y del compositor ruso Nicolás Rimski-Korsakov. "Nadie sabe para quién trabaja", dice Averroes que decía Aristóteles.

2 El islamismo ha conquistado adeptos incluso entre boxeadores y basquetbolistas de Estados Unidos, como Muhammed Ali (Cassius Clay) y Karim Abdul-Jabbar (Ferdinand Lewis Alcindor). Raro, pero cierto.

el Imperio otomano, que se apoderó de buena parte de las riberas del Mediterráneo hasta 1923.

Al sonar las campanadas del año 1000, los jefes religiosos y los señores con poder decidieron que había que celebrar el primer milenio con unos festejos inolvidables, y qué mejor que expulsar del Imperio bizantino a los turcos, que hablaban raro y usaban bigote, aun cuando todavía no eran fanáticos del futbol, como ahora, sino solo de Alá. La idea, propuesta por el papa Gregorio VII hacia 1080, adquirió fuerza y poco a poco, como suele ocurrir con esta clase de empresas, el objetivo se amplió. Cuando la secundó el papa Urbano II, en 1095, ya no se trataba solo de perseguir a los turcos en Bizancio, sino de cazar donde estuvieran a todos los musulmanes, eslavos, mongoles, cátaros, husitas, valdenses, prusianos, cristianos ortodoxos griegos y cristianos ortodoxos rusos, paganos en general y, por supuesto, judíos.[1]

Los colombianos se salvaron de entrar en la lista porque aún no habían sido descubiertos.

Jesús

---

1 Es rigurosamente cierto. Aún en territorio de la actual Alemania, cuando la meta de Jerusalén todavía estaba lejos, el conde Emilko, uno de los caballeros germanos participantes en la primera cruzada, debutó en ella asesinando a 4 000 judíos.

Además, no bastaba con "limpiar" las dos orillas del Bósforo[1] sino que, ya metidos en gastos, valía la pena llegar hasta Jerusalén, liberar la Tierra Santa y darles una paliza a todos los sujetos de turbante y babuchas que se pusieran a tiro.

En otras palabras, lo que comenzó como una campañita cívica constantinopolitana se convirtió pronto en un choque de civilizaciones entre el cristianismo y el islam, que, según el historiador Henri Pirenne, rompió la unidad del Mediterráneo y constituye hito fundamental de la época. Fueron siglos de luchas que dejaron miles de muertos y un odio enconado entre pueblos.[2]

¿Conque en el Medioevo no había ocurrido nada?

Las expediciones de los señores y religiosos cristianos contra los infieles se llamaron cruzadas, fueron ocho y se extendieron entre 1095 y 1269. Como en los vuelos comerciales, había dos clases de participantes: en la zona turística, una multitud, llamada Cruzada Popular, compuesta por desarrapados que encabezaba un predicador ermitaño y soldados que cedían en préstamo algunas comunidades o amos feudales. Y en la zona VIP, nobles caballeros —sobre todo franceses, ingleses, húngaros y germanos—, príncipes, señores ricachones y terratenientes perfumados. Por falta de tiempo no alcanzaron a sumarse algunos jefes de relaciones públicas, asesores de imagen y celebridades de la televisión, que también habrían contribuido a dignificar el elevado nivel de vida cortesana que caracterizaba al extraño ejército.[3]

---

1 Un mapa de Turquía en internet le ayudará a entender de qué estoy hablando.

2 Para no entrar en complicados análisis sobre lo que actualmente ocurre.

3 El eco final de las cruzadas es la existencia actual de

Eran los tiempos de los caballeros andantes y galopantes, los códigos de honor, los cantares de gesta, el amor cortés, los juglares y trovadores, las armaduras, las espadas y las lanzas, los torneos y las justas. Estas consistían en el combate entre dos gentiles rivales que combatían hasta que uno le cortaba la cabeza al otro y entonces el vencedor se arrodillaba ante la viuda y le besaba la mano. Ante detalle tan educado, la dama se estremecía de emoción, mientras la cabeza del perdedor miraba dignamente desde la arena.[1]

Los árabes, sin embargo, tenían sus puntos de vista discrepantes con estos caballeros. Algunos de ellos, al parecer, eran un poquito caníbales. En sus crónicas sobre las cruzadas, el historiador Amin Maalouf relata cómo ciertas bandas de soldados francos llamados los *tafures* "adoraban consumir carne de los sarracenos y se reunían por las noches alrededor del fuego a devorar sus presas".[2]

No eran mucho más compasivos los invasores. Un relato anónimo cristiano de la toma de Jerusalén en julio de 1055 señala que al huir los defensores árabes de las murallas, los cruzados "los siguieron acuchillando y matando hasta llegar

---

unas sectas anacrónicas, como los caballeros del Santo Sepulcro y la Orden de Malta, que en su momento medieval fueron muy importantes pero que hoy no pasan de ser clubes sociales de ciudadanos píos ataviados con uniformes militares de opereta.

1 Cuatro o cinco siglos después, se hablaba en La Mancha de un tal Alonso Quijano, pobre iluso que creía ser un caballero andante de comienzos del milenio y deambulaba por los campos acompañado de un labriego a quien tomó por escudero. Habría sido un tema maravilloso para una novela…

2 Algunos descendientes de estos pulidos antropófagos se asentaron más tarde en países latinoamericanos, donde siguen haciendo más o menos lo mismo con sus cónyuges.

al templo de Salomón, donde hubo tal carnicería que los nuestros andaban con sangre hasta los tobillos". A la mañana siguiente "escalaron el techo del templo (refugio de los árabes) y, sacando su espada, los decapitaron". Esto sucedía en la comarca donde Cristo reiteró el mandato de "no matarás".

Algunas de las cruzadas enfrentaron fuerte oposición de Saladino y sus sarracenos, que, aunque parece un conjunto de rock, era un combativo sultán egipcio que recuperó a Jerusalén de manos de los francos y decretó una de las primeras *jihads* o guerras santas. Al cabo de ocho cruzadas, aún permanecían en Jerusalén cristianos, mahometanos y judíos.

Tal como todavía sucede ahora, mil años y millones de muertos después.

Carlomagno: el poderoso hijo del Breve

Todo esto sucedía pasados seis siglos desde que se desmoronó el Imperio romano. Durante este lapso, la llamada civilización occidental —heredera de Grecia y Roma— no había encontrado sustituto estable. Prosperaban por todas partes pequeños poderes tribales o locales, pero nada sólido y, en especial, nada grande.

La única excepción fue Carlomagno, que en el año 768 heredó el trono de su padre, conocido —no se rían, por favor, y, sobre todo,

carlomagno

no saquen falsas conclusiones— como Pipino el Breve. Al coronarse rey, el heredero mandaba solamente sobre los francos. Pero tenía dotes de conquistador, y lo demostró: pronto se hizo jefe de franceses y alemanes, dominó mediante la violencia a los sajones, se proclamó rey de los lombardos y emperador de media Europa. Fue así como pasó de ser Carlitos I a Carlomagno.

El nuevo emperador era aficionado a la natación y la caza, fomentó las escuelas y estudió astronomía y arte en algunas de ellas; chapoteaba feliz en aguas termales, odiaba a los médicos, defendía celosamente la carne hervida frente a la carne asada, comía con música y echaba siestas de dos o tres horas al mediodía. Hablaba varios idiomas, pero era analfabeto en todos. Su biógrafo Eginhardo revela que debajo de la almohada disponía siempre algunos pergaminos en las cuales, durante sus desvelos, pergeñaba letras y palabras, tarea que se le daba francamente mal.

Después de años de orfandad y vejámenes por cuenta de los bárbaros, la Iglesia católica estaba encantada de contar de nuevo con un monarca fuerte que la apoyara. En la noche de Navidad del año 800, Carlomagno quiso rendir un homenaje al papa León III y lo acompañó a una misa en la catedral de san Pedro. Pero el Papa le volteó la tortilla, como decían los francos[1], y, arrodillándose ante Carlomagno, lo coronó emperador de la cristiandad. Para completar el homenaje, le entregaron las llaves de Jerusalén y el GPS del Santo Sepulcro.

Sólo faltaba que entraran en el redil España y la rama oriental de la Iglesia. Pero en la primera los infieles habían

---

1   En realidad, decían que le había volteado la *omelette*.

derrotado a los ejércitos de su sobrino, Rolando, que siglos después reapareció tres veces como futbolista con las letras cambiadas. Y en cuanto a la segunda, alguien tuvo la brillante idea de que Carlomagno se casara con Irene, la emperatriz bizantina, viuda y poderosa, para unificar así los dos hemisferios herederos de la añorada Roma. Mas el rey franco supo que Irene había ordenado que le sacaran los ojos a su hijo Constantino VI y manifestaba enfermiza predilección por los eunucos. De modo que, al imaginarse privado de los globos oculares y de otros globos, optó por cancelar los planes de boda.

¿Conque en el Medioevo no había ocurrido nada?

Brujas, magos y adivinos

En la mentalidad popular, las brujas, la cacería de brujas y la Inquisición son algo así como el caldo sabroso y espeso en que se cocinó la Edad Media. No les falta razón a quienes así piensan; pero afirmar que las brujas surgieron en tal época es como suponer que los venecianos inventaron el agua.

Brujas, brujos, magos, hechiceros, chamanes, pitonisos, astrólogos, lectores de sueños, quiromantes, nigromantes y fauna parecida han existido siempre. En tiempos faraónicos abundaban en Egipto los que practicaban *hekau* (magia), y en Grecia y Roma era imposible adivinar el número de adivinos. La Biblia está llena de esta clase de personajes. Saúl consulta a una pitonisa; José y Daniel se hacen poderosos interpretando sueños y pesadillas;[1] al nacer, Jesucristo no recibe la

---

1 Varios milenios después, Sigmund Freud hizo más o menos lo mismo, pero lo llamó psicoanálisis. Así se verá más adelante.

visita de un pediatra, sino de tres reyes magos. Luego, en la lucha entre las prédicas cristianas y las paganas, numerosos mitos antiguos se convierten en parte del folclor. Y cuando desembarcan o descabalgan árabes y bárbaros en Occidente, los visitantes llegan con una buena dosis de creencias esotéricas y personajes ficticios maravillosos.

Entre ellos, las más encantadoras son unas mujeres no muy agraciadas que salen por las noches montadas en escobas, tienen relaciones sexuales con el demonio, sacrifican niños y preparan pésimas pócimas. En un principio, las autoridades civiles y eclesiásticas miraron con sonrisa escéptica semejantes creencias, pero, al observar que tomaban fuerza, decidieron que se trataba de graves herejías y optaron por perseguirlas. Ya en el siglo IX, Carlomagno ordenó la pena de muerte para los aficionados a la magia, y en 1231 el papa Gregorio IX instituyó un tribunal dedicado a atrapar herejes y hechiceros: la Santa Inquisición.

Desde entonces, y durante más de siete siglos, la Inquisición intervino en el pensamiento y las acciones de los habitantes de casi toda Europa: prohibió, censuró, torturó, excomulgó y quemó en la hoguera a miles de personas. ¿Cuántas? No se sabe. Algunos historiadores hablan de 32 000 víctimas mortales y otros reducen la cifra a unos pocos cientos. Lo que está demostrado es que la Inquisición española, creada en 1478, fue mucho menos letal que la de otros países. Alemania está a la cabeza de las ejecuciones, con cifras que un simposio realizado en 1998 fija en 25 000, seguida por Polonia[1]. España, en cambio, aparece con sólo

---

1 No fue la última vez que Alemania reveló su propensión a los castigos mortales. Ya veremos lo que ocurrió en el siglo XX. Un libro alemán de 1484, *Martillo contra las brujas*,

49 quemados. Pero debe de tratarse de un error o algún truco curialesco, porque consta en libros que los tres tribunales de colonias hispano-americanas (México, Lima y Cartagena de Indias) hicieron parrillada con 72 ciudadanos. La cifra de clientes que despacharon a la eternidad los inquisidores españoles no baja de 1 080, según reconocidos historiadores.

COPÉRNICO

Entre las víctimas castigadas de una u otra manera por la Inquisición hay que recordar al médico Miguel Servet, al poeta fray Luis de León, al matemático Nicolás Copérnico, al físico Galileo Galilei, al astrónomo Giordano Bruno, al teólogo Jan Hus, a Harry Potter y a un selecto aquelarre: la bruja de Blancanieves, la bruja Ágata,[1] su sobrina Alicia, la Bruja Malvada del Mago de Oz y las brujas y brujos de Salem, esa veintena de ciudadanos que fueron ahorcados cerca de Boston (Estados Unidos) en el siglo XVII, a pesar de que ninguno era negro ni comunista.

La Santa Inquisición dejó de existir oficialmente en 1965, cuando el papa Paulo VI le cambió el nombre por Congregación para la Doctrina de la Fe. Pero su espíritu continúa vivo. Ya no persigue brujas, pero sí socialistas, masones, homosexuales, parejas divorciadas, onanistas, señoras que toman

---

fue el manual clásico en el deporte de liquidar a estas pobres señoras.

1 Cacle…

la píldora anticonceptiva, practicantes de vudú y santería, novios que cohabitan, partidarios del aborto y amigos de la eutanasia voluntaria.

Esto no significa que hayan desaparecido las brujas, los magos y los hechiceros. La prueba —como dije atrás— es que pululan los crédulos partidarios del tarot, la astrología y los horóscopos, y rebosan los diarios y revistas de anuncios de curanderos, adivinos y tratamientos milagrosos para adelgazar.

Ya que de brujas hablamos, sea el momento de celebrar la más influyente de ellas, la que modificó la historia de la navegación: la brújula. Aunque los chinos fueron los primeros en notar que una aguja imantada señalaba siempre un punto cardinal, sólo se aplicó este hallazgo a la marinería en la Europa del siglo XII. Sin la brújula, el transporte habría sido —como dijo una historiadora de Barranquilla, Colombia— una aventura "bruta, ciega, sordomuda, torpe, traste, testaruda…".

9

Evo y medio

Al alborear el siglo IX las cosas pintaban muy bien para Occidente.

No sólo volvía el Sumo Pontífice al poder, sino que muchos burócratas se frotaban las manos convencidos de que pronto nacería la Unión Europea y habría puestos para dar y convidar. Pero era un sueño. Fallecido Carlomagno en el 814, todo se disolvió en el tratado de Verdún: se separaron para siempre los tres reinos hermanados (Francia, Alemania e Italia), cada uno en cabeza de sus tres hijos, y el asomo de una institución continental se atomizó en feudos señoriales, minúsculos ducados y nobles maleducados.

El Medioevo, pues, ya no era ni medio ni un cuarto de Evo. Para volver a ver algo más que medio Evo habrá que esperar al siglo XX, cuando los bolivianos eligieron como presidente a un Evo completo.

De modo que es mejor dejar aquí al Medioevo, en cuyas entrañas ya empezaba a palpitar una nueva criatura, y pasar sin tardanza a uno de los más maravillosos partos de la Historia.

10

matador

El nacimiento del Renacimiento

Hay movimiento en la panza de la Historia. Los tipos de imprenta, liberados de la planchas, viven en plena acción. El Renacimiento está próximo a nacer. Pronto romperá aguas. Los viajes de los mercantes venecianos son cada vez más activos y los navegantes portugueses se atreven a ir cada vez más lejos. Cristóbal Colón lleva en la cabeza la idea fija de surcar el Atlántico hacia el inexplorado rumbo oeste.

¿Qué significa tanta agitación? Significa que los americanos estamos a punto de que España nos descubra, y conviene que nos encuentre bien preparados.

Por eso abordaré algunos temas cruciales a modo de rápido cursillo de introducción a los tiempos modernos, no sin antes despedir con un abrazo agradecido a la Edad Media, que tanta actividad interesante nos dejó a pesar de su mala fama.

Dicen historiadores pocos versados que cuando empezó el Medioevo el mundo era plano (por eso lo llaman "planeta") y cuando acabó era redondo (y sin embargo no se llama "redondete"). Otros atribuyen el descubrimiento de la esfericidad del planeta a Cristóbal Colón o a José Arcadio Buendía y hay quienes aún piensan que la Tierra era y sigue siendo como una mesa y aquello de su redondez es una gran patraña, una conspiración masónica.[1]

Nada de esto es cierto, querido George W. En la Antigüedad ya se agitaban ideas opuestas sobre la condición plana o esférica de la Tierra. Platón sostenía que era como una naranja y Aristóteles afirmaba que era como un platón. Pero desde entonces los mejores astrónomos y matemáticos hablaban de un sistema celestial basado en esferas. Dos siglos antes de Cristo, el científico griego Eratóstenes concebía la redondez perfecta del mundo, y no sólo eso, sino que calculó con notable acierto su circunferencia, aunque erró al estimar el volumen de la Luna.[2] En realidad, la Tierra no es una

Platón

---

1 Entre ellos, George W. Bush, Manolito Goreiro (amigo de Mafalda) y la *Flat Earth Society* (Sociedad de la Tierra Plana), fundada en 1956 en Inglaterra y refundada en 2004.

2 Eratóstenes dedujo que la circunferencia polar era de 39 614 kilómetros; en la actualidad se calcula en 40 008. No es mala la aproximación, si se tiene en cuenta que las mediciones de Eratóstenes se basaban en las horas de viaje de las caravanas de camellos y las sombras del atardecer en el desierto. Tarea: sabiendo que el diámetro ecuatorial de la Tierra es de 12 756 kilómetros y que un camello veloz avanza a 53 kilómetros por hora, calcular el volumen de la Luna.

esfera perfecta, sino achatada en los polos. Más se parece a una mandarina que a una naranja, queridos Platón y José Arcadio. Esta figura se denomina elipsoide, querido Aristóteles.

Galileo

Pero el problema con la Tierra no es sólo su forma, sino también sus medidas y hasta su nombre. Dado que está cubierta por agua en un 71%, geógrafos poco versados exigen que el planeta no se llame Tierra sino Agua. Pero yo pregunto a los geógrafos poco versados: ¿qué hay debajo del agua? Tierra, evidentemente. Así que el nombre está bien adjudicado.

Pasemos a otro aspecto del asunto. Durante siglos prevaleció la teoría del greco-egipcio Claudio Ptolomeo (100 d. C - 170 d. C), según la cual la Tierra es el centro del universo y en torno a ella gira todo: desde las polillas hasta los planetas y, por supuesto, el Sol. A la Iglesia católica le gustó esta propuesta. Confieso que a mí también me parece lógico, pues es evidente que el Sol sale por el oriente y se pone por el occidente, y al día siguiente vuelve a salir por el oriente, como si diera una vuelta completa. Pero todo indica que no es así, y que es la Tierra la que gira en torno al Sol: heliocentrismo se llama esta figura. De todos modos, la Iglesia tachó de herejes y amenazó con torturar a quienes, como Copérnico o Galileo Galilei, afirmaron la teoría heliocéntrica. Eso ya es abusar.

Todo esto nos lleva a declarar que cuando Colón empezó a buscar respaldo para sus planes de llegar a la India por la puerta de atrás estaba bastante claro que el mundo era redondo, aun cuando los papas y yo creíamos que el Sol daba vueltas alrededor de él. ¿Por qué insistía Colón en enrumbar hacia el occidente para alcanzar el oriente? Porque los caminos habituales hacia el Asia, de donde se importaban valiosos textiles y especias para conservar la comida, estaban controlados por los venecianos y los portugueses. Lo que él proponía era explorar una ruta más larga y desconocida, pero más expedita.

Pobre Colón. No se imaginaba que en medio del camino estábamos agazapados nosotros, los americanos. La triste verdad es que murió sin saberlo.

En 1519, el buen almirante llevaba ya trece años bajo tierra,[1] partió una misión española capitaneada por el portugués Fernando de Magallanes y compuesta por 234 tripulantes y cinco naves. Su plan era darle la vuelta al globo partiendo hacia el oeste. Tres años después, lo que quedaba de la expedición entró al Atlántico desde el Océano Índico, a mano derecha. Era una sola nave con apenas 18 marineros, entre ellos, Juan Sebastián de Elcano, que remplazó a Magallanes al morir este por meterse en una riña tribal en 1521.[2]

---

1 Después de muerto, los huesos de Colón siguieron viajando: estuvieron enterrados en Valladolid, Sevilla, Santo Domingo, La Habana, Cádiz y nuevamente en Sevilla. Se demostró así que el Otro Mundo también es redondo.

2 Magallanes era sabio navegante, pero pésimo guerrero. Cuando el cacique de una isla filipina, amigo suyo, fue atacado por un cacique vecino, Magallanes le pidió que no enviara a sus indígenas al combate y "se estuviese en silencio mirando cómo peleaban los castellanos". Ocurrió, sin embargo, que los indios invasores les dieron una paliza a los castellanos. Murieron

Se había comprobado que el mundo era redondo, pero sobre todo cruel.

Uno de los sobrevivientes, el explorador italiano Antonio Pigafetta, dejó testimonio del gran momento en que se unieron las aguas del Atlántico y el Pacífico en la esquina sur de América el 18 de noviembre de 1520: "Desembocamos del estrecho para entrar al gran mar, al que enseguida llamamos Pacífico, en el cual navegamos durante tres meses y 20 días sin probar ningún alimento fresco".[1]

Vini, vidi, Da Vinci

Muchas cosas se dicen contra la Edad Media y a favor de la Edad Moderna, que fue la siguiente etapa de este puto mundo. Sin embargo, la mayoría de los grandes personajes que empujaron la Historia para pasar de la supuesta época de tinieblas a la resplandeciente que siguió son hombres medievales. Es decir, nacidos antes de la imprenta y del descubrimiento de América.

Pocos años separan, por ejemplo, la muerte del Gengis Kan (1227) y el nacimiento del poeta Dante Alighieri (1265-1321); Petrarca (1304-1334) escribía sus finos poemas mientras el tenebroso Tamerlán asolaba Persia, India y China al frente de las hordas mongolas; el escritor Boccaccio

---

a lanzazos y pedradas en la contienda Magallanes y siete de sus hombres. Mientras tanto, el rey amigo y sus soldados isleños, muy obedientes, se limitaban a observar la masacre sin mover un dedo.

1 Exageraba Pigafetta. La verdad es que comían aserrín fresco y roedores recién sacrificados, que se cotizaban a dos ducados: aproximadamente 220 dólares actuales por rata.

(1313-1375) sobrevivió a la Peste Negra medieval que mató a uno de cada seis europeos: 50 millones en total.

Lo innegable es que a partir del siglo XV las guerras pasaron a segundo plano y en cambio se produjo en parte del continente un fascinante terremoto cultural durante el cual resplandecieron las artes y los descubrimientos. El epicentro del feliz sismo fue Italia, y el fenómeno recibió el nombre de Renacimiento.[1] Se destacaron, en general, las humanidades y, en particular, la pintura, la escultura y las letras. Florencia era una colmena de artistas que pululaban armados

Da Vinci

de lápices, martillos, cinceles, leznas, pinceles de diversos tamaños y grandes trozos de mármol. Ocupaban academias, jardines, calles, puentes, cafés, palacios, bares, salones, baños públicos y privados, templos y casas de lenocinio. El problema era encontrar un plomero, un cerrajero o un electricista después de las seis de la tarde.

Un hombre que unió todos los oficios se llamaba Leonardo da Vinci (1452-1519). No sólo fue plomero, cerrajero y electricista, sino también talabartero, mecánico dental (acababa de fabricarse en Bolonia el empaste de muelas), fresador, impresor (acababa de llegar de la China el papel), urbanista, relojero (acababa de inventarse en Milán el reloj

---

1 Del francés *Renaissance* y este del portugués *Renascimento*, que lo toma del italiano *Rinascimento*, derivado, a su vez, del español *Renacimiento*. Significa renacimiento.

mecánico), pintor, escultor, músico, poeta, ingeniero, arquitecto, optómetra, escritor, botánico, zoólogo e inventor. Suyos son varios de los más formidables aparatos creados por el hombre, como el helicóptero, el submarino, el dron, la computadora, el radio, la televisión, el cohete interplanetario, los zapatos de tacón alto, la minifalda, el servicio a las habitaciones, el iPhone y el cepillo de dientes eléctrico.

Genial inventor pero desvirolado amanuense, escribía sus hallazgos en letra enrrevesada y diminuta, sólo descifrable por él mismo con ayuda de lupas y de espejos. Esto impidió que se conocieran oportunamente sus más ingeniosos artefactos y muchos inventores se le adelantaron en los siglos siguientes en la realización de los proyectos que él legó en lenguaje cifrado. Se cree que en documentos suyos aún sin desenredar aparecerán otros revolucionarios inventos, como el agua que convierte la piedra en oro, el elíxir de la inmortalidad y la taza de chocolate que permitió levitar al padre Nicanor Reyna.

Desde Da Vinci, se denomina "renacentista" al hombre que es capaz de ejercer múltiples oficios. También, "padre de familia de clase media".

El Renacimiento siguió renaciendo durante más de dos siglos. Avanzó con la familia florentina Medici en la primera parte del siglo XVI y logró su más alto punto en 1580, cuando el conde Giovanni de Bardi fundó oficialmente en Florencia el *calcio* o futbol, máxima expresión del arte y la belleza.[1]

---

1 El fútbol había nacido en el siglo III a. c en China; volvió a nacer en Grecia y Roma antiguas; renació de nuevo en Florencia y otra vez en 1863 en Gran Bretaña. Su último y más esplendoroso renacimiento fue entre 2008 y 2012, cuando Pep Guardiola dirigió al FC Barcelona.

En términos futbolísticos, Da Vinci fue el gran capitán del equipo renacentista. La alineación podría ser más o menos la siguiente:

Da Vinci

Boccaccio   *Caravaggio*   *Bernini*   *Giotto*

Botticelli   *Donatello*   *Brunelleschi*

Rafael   *Miguel Ángel*   *Petrarca*

Parecería una potente selección de futbol italiana. O, mejor aún, argentina.

matador

Aventuras en el mar

Según vimos en el capítulo cuarto, desde tiempos antiguos el mar Mediterráneo fue un admirable sancocho de culturas, una piscina donde se bañaban Asia, África y Europa. Guerreros, profetas, comerciantes y viajeros surcaban sus aguas y muchos de los caminos entre el Lejano Oriente y el mundo grecorromano atravesaban el océano, con lo que evitaban extensos recorridos terrestres: luego reemprendían la marcha por desiertos y montañas para llevar y traer mercancías. Los más cotizados productos que ofrecían India, China y municipios aledaños eran esencias perfumadas, armas, joyas, textiles, sedas y, sobre todo, especias que, a falta de neveras o congeladores, preservaban los víveres.

La aparición de los bárbaros, sin embargo, cegó algunas de estas rutas y obligó a buscar otras vías de acceso a los países que abastecían a Europa. Los siglos XIV y XV vieron entonces cómo naves de mayor envergadura que las conocidas hasta entonces pespunteaban la costa africana con rumbo al sur y giraban en el extremo del continente (cabo de Buena Esperanza) hacia el este en pos de sus destinos.

Fue lo que hizo el portugués Vasco da Gama en 1498. Dos años después, su compatriota Pedro Álvares Cabral se desvió hacia el lado opuesto cuando intentaba imitarlo y descubrió a los brasileños. Las brasileñas, gracias a Deus, ya estaban descubiertas.

Así, pues, los venecianos primero y más tarde los portugueses fueron pioneros en tales aventuras, lo que les permitió desarrollar un robusto comercio internacional y conquistar tierras que automáticamente incorporaban a su ©. No resultaba fácil lograrlo, pues los conocimientos y elementos de navegación eran limitados, los obstáculos, muchos, y los enemigos, poderosos. Ciertos problemas tardaron siglos en solucionarse. Por ejemplo, sólo en 1773 se produjo la determinación exacta de la longitud de un objeto o nave en un mapa (la longitud mide la distancia hacia los polos sobre un meridiano vertical y la latitud en torno a líneas circulares paralelas). Algunos viajeros que sobrevivieron a la hostilidad del periplo y de los anfitriones, como Marco Polo (1254-1324),

MarCo Polo Odorico de Pordenone (1330) y un curioso personaje y plagiario llamado Jehan de Mandeville, dejaron las primeras descripciones de las comarcas lejanas y sus habitantes.

Fue entonces cuando apareció Cristóbal Colón, que ofrecía una ruta desconocida para alcanzar las Indias y la China (Catay). Algunos lo tildaron de charlatán y otros de loco, pero Isabel, reina de Castilla, le creyó el cuento y aportó el dinero que se necesitaba para emprender la travesía. Lo que afirmaba Colón es que si una embarcación navegaba hacia el oeste por el Atlántico, al cabo de unas semanas llegaría a la meta fijada desde el costado opuesto, sin interferir las vías que controlaban los portugueses.

Colón

—Dado que el mundo es redondo, sería como darle la vuelta a la manzana —explicó Colón a Isabel.

—¡¿El mundo es redondo?! —exclamó la reina sorprendida, pues es sabido que la ciencia nunca ha sido el punto fuerte de los españoles.

Colón tenía razón, claro. El mundo es redondo, como ya lo demostramos unas páginas más atrás, de modo que, navegando en sentido contrario al que tomaban los barcos portugueses, era posible arribar al mismo destino. Lo que el genovés había calculado mal eran las dimensiones, pues creía que la esfera terrestre era más pequeña de lo que en realidad es. El 12 de octubre de 1492, cuando un marinero gritó "¡Tierra!", Colón pensó que habían llegado a Catay o a Karachi y bautizó "indios" a los primeros habitantes que divisó.[1]

---

[1] Los nombres, sin embargo, subsisten hasta nuestros días. Hay muchas indias a las que en América Latina llaman chinas y muchas chinas a las que llaman indias.

¡Qué Catay ni qué Karachi! Acababa de toparse con un nuevo continente, y esos que estaban allí con taparrabos y plumas no eran los compatriotas de Buda ni Confucio, sino los de Quetzalcóatl y Bochica. Para haber alcanzado la China o la India le faltaron a Colón y sus tres carabelas[1] las cuatro quintas partes del viaje.

El despiste de Colón era sólo comparable al de ciertas reinas de belleza. El 21 de octubre escribió en su diario que se preparaba para desembarcar en tierra firme y dirigirse "a la ciudad de Guisay y dar las cartas de Vuestras Altezas al Gran Kan". Primer despiste: Guisay —que es hoy la metrópoli de Hangzhóu— está situada en el oriente de la China, no en las Antillas. Segundo: el Gran Kan era emperador de Mongolia, en el norte. Tercero: es posible que el Gran Kan fuera más precisamente un Dogo Alemán o un Sabueso San Bernardo. Dos días después, el Almirante garrapateó en el diario: "Quisiera hoy partir para la isla de Cuba, que creo que debe ser Cipango [Japón]". Entre Cuba y Japón hay una distancia de 12561 kilómetros, que Colón habría podido recorrer en solo trece horas si en vez de carabelas hubiera contado con un Boeing 787 o un Airbus A380.

Pero éste no era el caso.

---

1 En realidad, dos carabelas (*La Pinta* y *La Niña*) y una nao, que era como una carabela engallada (la *Santa María*).

12

matador

¡América!

El descubrimiento de América confirmó a España como imperio de Occidente e impulsó de manera definitiva la navegación hasta convertirla en una poderosa industria, no sólo por el valor y la cantidad de los productos de intercambio, sino por los progresos en la construcción de barcos y en la ciencia de andar por los mares con precisión cada vez mayor. En 1496 ya se armó la primera nave americana en Santo Domingo, y a partir de 1513, cuando el perro Leoncico, de Vasco Núñez de Balboa, ladró al divisar el Océano Pacífico, la España colonial desembarcó naves en el Caribe, las transportó a lomo de indio a través de Panamá y las ensambló de nuevo en el costado opuesto del istmo.

Para algunos conquistadores, como Francisco Pizarro (Perú) y Hernán Cortés (México), los veleros resultaron indispensables, así fuera para quemarlos, como hizo Cortés.

Otros, como Gonzalo Jiménez de Quesada (Colombia) y Sebastián de Belalcázar (Ecuador), se lanzaron a la aventura de atravesar la selva tupida y trepar escarpadas montañas para fundar ciudades. Como en todo paseo, no faltó el loco errabundo y peligroso: Lope de Aguirre, tan arrojado como cruel,[1] paseó sus delirios por las selvas amazónicas, se declaró en rebeldía contra la Corona española, nombró rey del Perú a uno de sus guerreros, lo asesinó más tarde y terminó cosiendo a puñaladas a su hija única a fin de que "no quedase viva para ser puta de todos". Horrorizados, sus soldados —que no eran propiamente unas hermanitas de la caridad— lo mataron a arcabuzazos en 1561.

A todos los impulsaban las ganas de amasar riquezas y fabricar cristianos, casi siempre contra la voluntad de los nativos.[2]

Lo admirable es que, a base de herramientas elementales (brújula, astrolabio, aguja de marear, ballestilla, reloj de arena y tablas de medidas inciertas), bastaron ocho años a

---

1 Un día en que amaneció de mal humor, el "Tirano" Aguirre juró "no dejar vivo a ningún fraile de cuantos topase" y, además, "ordenó matar a todos los presidentes y oidores, obispos, gobernadores y arzobispos, letrados y procuradores y malas mujeres". Sorprende que haya perdonado a los recaudadores de impuestos y a los cadeneros.

2 Entendámonos: las riquezas eran básicamente metales preciosos, no la exportación de jugo de piña ni de iguanas disecadas. En el lapso de 150 años, España llevó a Europa 176 toneladas de oro y 16 000 toneladas de plata. Que se quedaran con buena parte de ellas los banqueros holandeses y alemanes es un problema distinto. Pero el oro se fue… En los últimos años ha surgido una nueva fiebre del oro entre los multimillonarios internacionales, que amenaza con arrasar la naturaleza del nuevo pero ya agotado continente a fuerza de arañar sus minas y filtrar sus ríos.

los españoles para intuir que las tierras avistadas por Colón no eran parte de la India sino un continente nuevo, y en 1507 ya habían elaborado los primeros mapas, cuyos rasgos y formas resultaban muy similares a los que hoy conocemos.

Uno de los geógrafos que ayudaron en esta tarea fue el italo-castellano Américo Vespucio, quien afirmó en 1502 que se trataba de un territorio desconocido e independiente, pues el Asia se hallaba mucho más lejos, tras un segundo océano. Un mapa alemán lo denominó "Tierra de Américo". Y así quedó bautizado el Nuevo Mundo.

¿Quiénes eran y qué hicieron?

A la llegada de los europeos habitaban el Nuevo Continente entre 40 y 60 millones de aborígenes, sin saber que eran americanos. Lo que ocurrió en los siglos siguientes se parece sospechosamente a un genocidio. Aunque los cálculos oscilan entre extremos poco creíbles, cerca de 90 o 95 % de los primitivos indígenas murieron por enfermedades o víctimas de la Conquista.

¿De dónde habían llegado estos individuos? De varios lados. Hace 30 000 o 40 000 años aparecieron los primeros aventureros en predios americanos. Procedían del norte de Asia y habían atravesado las llanuras de hielo del estrecho de Bering, que une y separa a Rusia y Estados Unidos en la punta de Alaska. Unos 10 000 años después desembarcaron otros inmigrantes por el sur. Venían saltando de isla en isla desde el Lejano Oriente, Australia y la Polinesia. Unos y otros eran cazadores, pescadores y nómadas. Con los siglos, se dise-

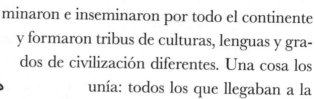

minaron e inseminaron por todo el continente y formaron tribus de culturas, lenguas y grados de civilización diferentes. Una cosa los unía: todos los que llegaban a la cima del poder lo hacían a base de romperles la cabeza a hachazos a los de otras tribus.

Así se impusieron los aztecas sobre los chichimecas en tierras de México, los mayas sobre los tikales en Centroamérica y los incas sobre los chancas y los mollos

Los aztecas

en buena parte de América del Sur. Estas tres civilizaciones —aztecas, mayas e incas— eran las más importantes del continente cuando se perfiló en el horizonte la imagen de *La Pinta, La Niña* y la *Santa María* aquel 12 de octubre.

En las Antillas, a su vez, mandaban taínos y caribes; en Colombia, chibchas y tayronas; en Chile, los araucanos y en Uruguay, los charrúas. Estos últimos, lo mismo que los caribes y otras tribus, eran antropófagos. Así pudieron demostrarlo en carne propia, nunca mejor dicho, el conquistador Juan Díaz de Solís y nueve compañeros suyos cuando fueron asados y devorados por un grupo de indígenas en enero de 1516. No obstante, es un desaire sugerir que de allí viene el prestigio de los uruguayos como parrilleros.[1] Los guaraníes habitaban lo que hoy es Paraguay y los quechuas y los aymaras gobiernan desde entonces a Bolivia. En Argentina, antes

---

1 Me niego, además, a relacionar estas costumbres con los hechos ocurridos en el terrible accidente aéreo en la cordillera andina de octubre de 1972 y las consecuencias que produjo el hambre entre los pasajeros uruguayos sobrevivientes.

de que arribaran los italianos, mandaban los comechingones, cuya denominación impidió que fueran recibidos en México.

Resulta exagerado afirmar, como lo han pretendido historiadores delirantes, que el avance de estos pueblos era comparable con el de la Europa de su tiempo. Verdad es que tenían conocimientos de astronomía, riego, artesanía de metales preciosos, tejido de textiles, cerámica, arquitectura monumental, instituciones políticas, cosmología y, principalmente, una respetuosa y provechosa amistad con la naturaleza. Pero no conocían el bronce, ni formas de cultivo avanzadas, ni dominaban la navegación más que en pequeña escala, ni crearon alfabetos, ni escribían, ni leían. Sí inventaron la rueda, pero no supieron qué hacer con ella.[1]

Si las cifras hablan de la desaparición de más de 90 % de los primitivos americanos, cualquiera se pregunta por qué sólo una parte menor de los que hoy habitan el continente tienen aspecto de bailadores de jota aragonesa, cocineros de paella o tenores de zarzuela. La respuesta es muy sencilla: porque desde un principio los españoles se cruzaron con las indias y en el cruce empezaron a producir lo que constituye el mayor tesoro de América: el mestizaje, tanto el racial como el cultural. Fieles al mandato cristiano de "creced y multiplicaos", pero sobre todo al grito de necesidad de sus instintos, los españoles demostraron que también eran hábiles para conquistar en las hamacas.

Cuando a la mezcla se le agregaron después los inmigrantes africanos, surgió una deliciosa revueltura a la que debemos comida como la peruana, música como la del Ca-

---

1 Juro que es verdad. Han aparecido juguetes precolombinos con rueditas, pero ninguna máquina agrícola ni de transporte que se apoye en ellas.

ribe, escritores como Gabriel García Márquez, poetas como César Vallejo y señoritas como las *misses* venezolanas.

No falta quien atribuye el hallazgo de las nuevas tierras a navegantes musulmanes; así lo afirmó el presidente turco Recep Tayyip Erdogan en 2014. En fin: opinar no cuesta nada y cada quien puede lanzar la tesis que quiera. ¿Por qué no imaginar que a América la descubrieron unos cocineros japoneses de sushi? ¿O incluso Indiana Jones?

En cuanto a los aborígenes de América del Norte, ninguna de sus tribus logró la relevancia de los imperios azteca, maya o inca. Tampoco tuvieron tiempo de conseguirlo, porque fueron exterminadas rápidamente por los colonos ingleses que ocuparon la mayor parte del territorio de Estados Unidos y Canadá. Los británicos, menos fogosos que los españoles y vigilados de cerca por sus mujeres, no intentaron mezclarse con los sioux, los navajos, los apaches, los cheroquis, los mohicanos y otros grupos. 99.1 % de la población indígena desapareció, pero aún es posible ver grandes y pintorescas legiones de pieles rojas montados en sus potros. Eso sí, a condición de no llegar tarde al cine, porque hacia la mitad de la película John Wayne y sus amigos acaban con todos.

¿Qué tan negra es la Leyenda Negra?

Cuando llegaron a España las primeras noticias sobre la tierra que habían pisado Cristóbal Colón y sus hombres el 12 de octubre de 1492, la mayor atención se centró en torno a los extraños aborígenes que habitaban esa supuesta comarca de la India. No sólo los cronistas se ocuparon de describirlos detalladamente, sino que en este y en sus tres viajes siguientes Colón llevó como pasajeros forzados a algunos nativos. Hoy se les llamaría rehenes.

Se maravillaban los españoles al enterarse de que los indios andaban casi desnudos, que algunos comían carne humana, que dormían en redes colgadas de los árboles, que fumaban o masticaban yerbas tóxicas, que se adornaban con plumas, que parlaban lenguas indescifrables, que no sabían leer ni escribir...

Mucho mayor debió de ser el impacto que provocaron los europeos en la población local. Hablamos de unos tipos barbudos y mechudos que olían a diablos; descendían de unas canoas gigantes denominadas carabelas; vestían ridículos bombachos y corazas de hierro bajo el calor canicular; cargaban un palo largo atravesado por otro corto al que adoraban con la misma pasión que los indios al sol, el trueno o las nubes; empuñaban de forma amenazante unos enormes punzones de metal mucho mayores que la vara con que los nativos asaban pinchos de enemigo en la barbacoa; el jefe, al que llamaban almirante, usaba una capa digna del Príncipe Valiente y oteaba el horizonte por un tubo. Eran un espectáculo insólito.

Lo más espantoso fue cuando los recién llegados comenzaron a llevarse el oro de los anfitriones y a castigar a los que se negaban a revelar dónde escondían las joyas o practicaban costumbres perseguidas en la Europa de antes y recomendadas en la de ahora, como el homosexualismo.

No faltaban los capitanes que desde esa época se negaron a emplear el término "descubrimiento" y optaban por el de "encuentro de dos mundos", más igualitario y políticamente correcto.

—Amigo —explicaba un capitán a un cacique—, nosotros estamos contra la idea de que esto es un "descubrimiento"; pensamos que se trata de un "encuentro". ¿Me entiendes?

—Un encuentro, no un descubrimiento... —repetía el cacique.

—Exactamente, amigo. Ya sabes, un encuentro, como un encuentro de futbol, un partido en el que dos se enfrentan y uno gana y el otro pierde.

Con el paso del tiempo, los indios entendieron cómo era lo del encuentro, y quién ganaba y quién perdía. Perdieron su soberanía sobre las tierras de sus antepasados, su religión, su lengua, sus costumbres, su oro y perdieron todas las batallas que emprendieron para defender sus bienes y su cultura.[1] Les dijeron que, en cambio, habían ganado un rey, un papa y una Academia de la Lengua.

Aún ahora, muchos historiadores no españoles critican de manera despiadada la conquista de América tal como la practicaron los súbditos de los Reyes Católicos. Es lo que en España llaman "la Leyenda Negra", atizada, se supone, por la envidia verde y la soberbia amarilla de sus vecinos. El ya citado E. H. Gombrich escribió en 1985 que "los españoles procedieron a eliminar de la manera más horrible a poblaciones indígenas antiguas y cultivadas". Según él, "se trata de un capítulo de la historia de la humanidad tan

---

1 El primer combate entre nativos y conquistadores ocurrió el 13 de enero de 1493 y fue más digno de comedia que de tragedia, pues, según cuenta el diario de Colón, un marinero hirió a un indio con "una gran cuchillada en las nalgas", lo que produjo la huida de los agredidos. Sin embargo, el valor de esta escena es altamente metafórico, pues fue por esa parte por donde empezaron a darles los españoles a los aborígenes.

vergonzoso y bochornoso para nosotros los europeos que no quiero decir más al respecto". Sí; no quiere decir más, pero lo dice: "Alemania —añade— no tuvo nada que ver con esta conquista ultramarina". Pues se equivoca. La ferocidad de la conquista española sólo fue superada por los soldados alemanes, que asolaron el occidente de Venezuela y el oriente de Colombia en busca de oro y llegaron a establecer campos de concentración para los indígenas.[1]

Las armas, la pólvora y la crueldad de los soldados invasores fueron terribles. Pero lo peor eran las enfermedades que propagaron en el Nuevo Mundo. Según un conocido historiador gringo, los virus europeos, y en especial la viruela, son responsables de 95 % de las muertes de indígenas en las décadas que siguieron al desembarco de las carabelas.

Ahora bien: los aborígenes no eran mancos. Muchos intentaron defenderse de la conquista y ciertas tribus, como los caribes, sembraron el pánico entre los conquistadores. El experto piloto Juan de la Cosa, compañero de Colón en sus dos primeros viajes y autor de uno de los mapas fundacionales de América, murió en 1510 atravesado por decenas de flechas cerca de la actual Cartagena de Indias. "Parecía un puerco espín", relata un cronista políticamente incorrecto que se aterró con la cosa de La Cosa.

El campeonato de infamias tiene muchos candidatos y categorías. Por ejemplo, la esclavitud, una práctica que ya existía en tiempos de los egipcios y se mantuvo sin problemas en la Atenas de Aristóteles (que la defendía), la Roma de Justiniano, el islam, la Europa de la Edad Media y de

---

1 Esto obliga a recordar otros capítulos vergonzosos de la historia en la humanidad de los que Gombrich no podrá decir que Alemania "no tuvo nada que ver".

la Ilustración, las colonias de América y los propios países africanos, que fueron sus principales víctimas. Hace apenas 150 años la prohibió Estados Unidos y en 1980 todavía era legal en Mauritania, el último país en abolirla.

Se calcula que cerca de 100 millones de esclavos africanos fueron capturados y negociados entre el siglo XVI y el XIX alrededor del mundo. Unos 14 millones llegaron a América. El número de muertos por malos tratos es difícil de calcular, pero alcanza varios millones.

El cacique come yuca en la hamaca

Al mismo tiempo que resulta inevitable mencionar la crueldad de la conquista, por lo demás muy característica de los tiempos, resulta justo reconocer que aportó a los nativos muchos elementos propicios para su desarrollo. Animales desconocidos en América, como vacas, caballos, cerdos, gallinas y conejos; cultivos, como el trigo, la cebada, la caña de azúcar, el arroz, el algodón; tecnologías de construcción y explotación; metales; artefactos para cultivar, y, por supuesto, el libro y la escritura. A su vez, los europeos se beneficiaron del uso o consumo de papa, maíz, chocolate, aguacate, tabaco, tomate, piña, maní, yuca, especias (ají, guindilla, vainilla), pimientos, papaya y, por si fuera poco, las hamacas de San Jacinto y el olor de la guayaba.[1]

---

1   También la hoja de coca, pero no la cocaína, que es un narcótico de laboratorio inventado en Europa. Veremos más al respecto.

A su turno, los europeos quedaron lelos con lo que las nuevas tierras ofrecían a su vista, a su paladar, a su tacto. Surgieron una zoología y una botánica deslumbrantes y desbordadas, donde a veces la fantasía era tan excesiva como la realidad. Colón menciona en su diario una comarca "donde había hombres de un ojo y otros con hocico de perros".[1]

Numerosos nombres americanos, expresados en una docena de lenguas principales, pasaron al castellano. Los primeros fueron canoa, tiburón y huracán. También proceden del Nuevo Mundo jaguar, cacique, carey, guacamaya, caimán, ceiba, sabana, caníbal, mico, colibrí, piragua, chicle, alpaca, coyote, pampa, cóndor, carpa, puma, tapir, gaucho, poncho, cuate, mocasín, tobogán, tótem, chili, tamal, soroche, iglú, iguana, piraña, maraca, chicha, poncho, manatí, mandioca, platícame de los escuincles, andá a la concha de la lora, guinda la hamaca mami y viva Chile mierda…

Isabel de Castilla: la reina que montaba mucho

Detrás del descubrimiento de América, de las primeras conquistas y de la Inquisición aparece una sombra rubia: la de la reina Isabel la Católica, que había nacido en 1451 en una localidad cuyo mero nombre parece inaugurar el Siglo de Oro de la poesía española: Madrigal de las Altas Torres.

Tiene fama de haber sido una de las reinas más castas de la historia europea, pese a que aún hablaba en media lengua cuando su familia ya le andaba buscando marido. Fue

---

1 Uno se pregunta qué yagé de pésima calidad les daban a beber los aborígenes a los conquistadores.

ofrecida o estuvo comprometida con Fernando de Aragón a los 3 años; con el Príncipe de Viana, a los 6; con Alfonso de Portugal, a los 13; con don Pedro Girón, a los 16: otra vez con Alfonso de Portugal a los 17 y con el Duque de Guyena a la misma edad. Finalmente, se casó en 1469 con Fernando, heredero del trono aragonés, y consolidó así un binomio destinado a cambiar la historia de España, la de Europa y la de América.

Con Isabel y Fernando empieza en España la Edad Moderna, que termina cuando Franco toma el poder en 1939 y sumerge de nuevo el país en la Edad de las Tinieblas durante casi 40 años.

Castilla y Aragón eran reinos que se profesaban mutua simpatía, lo que los condujo a unirse a través de la llave que formaron una reina fanática del orden y la religión y un rey fanático de la guerra, la intriga diplomática y los amores. Isabel y su cónyuge reinaron juntos, pero no revueltos. Castilla y Aragón conservaron sus propias normas políticas y procuraron no pisarse los callos. "Tanto monta, monta tanto Isabel como Fernando", decía su lema. De allí que en las cláusulas matrimoniales Isabel es la reina consorte de Aragón y Fernando queda autorizado en Castilla para "guerrear, regir o señorear a una con ella". Con ella, y con varias damas de la corte, pues dejó por ahí algunos hijitos naturales.

Isabel la católica

Hay que reconocer que, a la hora de mandar, ambos montaban, pero Isabel montaba un poco más que Fernando.

El apoyo a Colón para su aventura americana, por ejemplo, fue una causa de Isabel, quien llegó al extremo de arriesgar sus joyas en la empresa. Fernando estaba más interesado en dirimir asuntos con los franceses que en explorar mares. Lo cual no significa que Isabel no empuñara la espada y mandara gente al calabozo cuando lo consideraba necesario. A su poderosa mano se debe la pacificación de Castilla, escenario constante de guerritas civiles y escaramuzas innobles entre los nobles. Para ello la Corona montó un ejército general, permanente y bien dotado, que luego le permitió expulsar a los últimos árabes del mapa español y sobrevivir a las incendiarias protestas por los altos impuestos.

Muchos de sus contemporáneos la bañan en merecidos elogios —"bondadosa", "prudente", "honesta", "llena de humanidad", "aguda", "ejemplo de pureza", "sabia", "de excelente ingenio", "devotísima católica" —mas es prudente recordar que, por andar montando, Isabel montó una sucursal de la Inquisición particularmente sectaria. Designado por ella para aplicar la Inquisición fue fray Tomás de Torquemada, célebre por su cerrazón y crueldad.

Llegó a ser tan extrema la dureza de los castigos y el desdén por los procedimientos que el papa Sixto IV regañó a Isabel por "encarcelar injustamente a muchos, someterlos a duros tormentos y expoliar sus bienes".

No fue menos severa la lucha contra los moros durante la conquista de Granada y la persecución a los judíos, que ya en 1476 los había obligado en algunos lugares de Castilla a llevar signos distintivos. Cuatro años después los segregó en Toledo, ciudad que fue modelo de convivencia de culturas, y en 1492 terminó expulsándolos del reino. Mucho antes habían sido echados de otros países. De Inglaterra, en 1290;

de Alemania, en 1375; de Francia, en 1394; de Portugal los desterraron en 1496. Digamos que la expulsión de judíos había pasado a ser una especie de deporte tradicional.

Isabel murió en 1504 (espero que revelar este dato no malogre a nadie la interesante serie sobre su vida que grabó Televisión Española[1]) y se ha pedido de manera reiterada a la Iglesia que proclame su santidad. Quizá sería más justo que proclamara primero la de Fernando, que tuvo que soportar a esta mujer de hierro.

Y, después, que monten juntos hasta la consumación de los siglos…

¡Qué añito!

1492 marca una línea divisoria en la historia de este puto mundo, pero sobre todo en la de España. Como se ha dicho o se dirá enseguida, en ese mismo año Isabel de Castilla y Fernando de Aragón conquistan Granada, el último bastión que quedaba a los árabes en la península después de siete siglos de invasión (2 de enero); echan a los judíos (31 de marzo); Rodrigo Borgia es elegido papa (11 de agosto); se publica el primer tratado de gramática castellana, de Antonio de Nebrija (18 de agosto), y Colón descubre a América (12 de octubre).

---

1 Ya puestos a comentar la serie, conviene advertir que ni Isabel ni Fernando fueron tan bien parecidos como los protagonistas de la obra. La verdadera Isabel tenía la cara alargada y tristona y los ojos pequeñitos. Él tenía los párpados abotagados, vulgar la barbilla, amorcillados los labios y papada doble. Podrían haber sido los padres de Kiko, el amigo del Chavo del Ocho, más que los suegros de Felipe el Hermoso.

Fue tan notable el año que desde el 31 de diciembre de 1492 los futuros españoles empezaron a preparar los festejos del quinto centenario, con Juegos Olímpicos, Exposición Internacional, inauguración del tren de alta velocidad, reuniones trasatlánticas y notable despilfarro.

13

matador

La religión revuelve la olla

Tras el descubrimiento de América, la expulsión de los judíos y el triunfo sobre los moros, los Reyes Católicos se apoltronaron en sus apoltronos, decididos a inaugurar el Gran Siglo Español. Todo estaba dado para que así fuese. La nación se hallaba unida; las naves españolas habían exportado el cochinillo de Cándido y la lengua del Cid alrededor del mundo; de América llegaba oro en abundancia; la armada española era la más poderosa máquina de guerra del planeta; la Iglesia católica —inspiración de Isabel y Fernando— se expandía por antiguos y nuevos territorios; Rodrigo Borgia, el papa, era oriundo de la tierra de la paella y Franco aún no había nacido. ¡Qué tiempo tan feliz!

En las primeras décadas del siglo XVI se consolidó aún más el peso internacional de España. A Sicilia y Nápoles se sumaron Portugal y los Países Bajos como nuevas colonias hispánicas en Europa, y a partir de 1520 Carlos, nieto de los reyes de España y de los emperadores de Austria y Alemania, unificó bajo su corona a más de medio continente.[1] Mientras tanto, Inglaterra no pasaba de ser un país marginal de pastores y labriegos cuyo rey, Enrique VIII, se hallaba bajo la tutela de la familia real española, pues se había casado con Catalina de Aragón, hija de Isabel y Fernando, siendo ambos casi adolescentes.[2]

Para agigantar tanta dicha, los otomanos (nuevo nombre de los turcos en un intento por cambiar su imagen) no conseguían avanzar en el norte del África, y Francia perdía todas las guerras contra su eterno vecino y rival o, cuando más, sacaba un empate, como ocurrió en la paz que puso fin a la última de las cuatro libradas entre Carlos V y Francisco I. Personajes que no deben confundirse, respectivamente, aquél con un brandy y éste con el primero de los Papas argentinos.

Cualquiera diría que un emperador tan afortunado y poderoso como Carlos podía ocupar el trono sin problemas, echarse a dormir tranquilamente y reinar hasta que la Parca golpeara a su puerta y falleciera en olor de santidad. Pero el hombre estaba maltrecho: hoy habría sido carne de gastroenterólogos y psiquiatras. Se sentaba poco en la silla

---

1 Carlos exhibía más títulos que el FC Barcelona. Era, entre otras cosas, Carlos I de España, Carlos V de Alemania, Emperador del Sacro Imperio Romano Germánico, Patriarca de Indias, Conde de Cerdeña, Señor de Vizcaya, Marqués de unos sitios rarísimos (Oristán y Gorciano) y Duque de Borgoña, Atenas y Bravante. No es un mal palmarés para quien nació en un inodoro en 1500, cuando su mamá se encerró en el baño convencida de que la afectaba una indigestión. Juro que es verdad.

2 Es decir, siendo adolescentes Isabel y Fernando: ella tenía 17 años y medio y él, 16 y medio. En cambio, Catalina tenía 23 años y Enrique, 17.

real y más en la palangana imperial, porque sufría de he-morroides. Tampoco era capaz de dormir con sosiego, pues, aunque proclamó dos dietas, la de Augsburgo y la de Worms, la dispepsia sometíalo a permanentes agruras y columnas de fuego. La gota agotábalo de tal modo que más que gota se había vuelto corriente fluvial.[1] Torturado por dolores de estó-mago y una incómoda y constante artillería de gases, Carlos decidió abdicar la corona en 1556. Dos años después golpeó a su puerta un tal Anopheles. Era un mosquito criado en un estanque del jardín vecino, que le inoculó la fatal malaria.

Falleció en olor.

Contra corrupción, Lutero

A esas alturas, el siglo de esplendor que los españoles es-peraban disfrutar se había reducido a unos pocos años. El primer tropiezo provino, sorprendentemente, de Alemania, país muy pío y muy católico.[2] Allí nació en 1483, arropado por la religiosidad de sus progenitores, el niño Martín Lutero. De muchacho, tocaba laúd, que es una lacónica variedad germana de la parranda caribe, y estudió Derecho atendien-do consejos de su padre, funcionario de una mina de cobre. Pero cuando tenía 22 años, Dios le envió un mensaje más contundente a través de los rayos de una tempestad que por

---

1 En Madrid se decía también que su prognatismo le im-pedía expresarse con claridad, pero en realidad el obstáculo no era su maxilar belfo, sino que había aprendido a hablar español con profesores alemanes.

2 Los berlineses tienen un refrán muy simpático para esta clase de circunstancias: "Donde menos se piensa, salta *die Hase*".

poco lo convierte en *Weißwurst*.[1] A trueque de salvar su vida, Lutero regaló sus libros de derecho y se hizo monje agustino. En 1512 ya era profesor de Teología y doctor en Biblia.

Y ahí empezaron los problemas que luego acabaron en la llamada Reforma Protestante. Porque le dio a Lutero por meditar, y meditando se mosqueó con el corrupto sistema de indulgencias que aplicaba entonces la Iglesia. Las indulgencias rebajaban las penas del infierno que nos aguardan, siempre y cuando el pecador destine en vida generosos diezmos a la Iglesia. Era una temprana aplicación del "viaje

Lutero

ahora, pague después" que siglos más tarde enriqueció a las aerolíneas. Sólo que al revés: había que pagar primero.

A Lutero lo indignaba la compra de cielo a crédito, y lo expresó así en varios sermones famosos. Los ecos de sus protestas llegaron al Vaticano y fueron mal recibidos, pues con el práctico sistema de pecados a crédito se estaba financiando la catedral romana de san Pedro. Lejos de aplacarse, Lutero se encrespó aún más y el 31 de octubre de 1517 clavó en la puerta de la iglesia del palacio de Wittenberg 95 tesis o quejas contra la Iglesia e invitó a los fieles a debatirlas.[2]

---

1 Salchicha blanca. Se aconseja acompañarla de un vino rosado.

2 Lutero, nos dice el historiador Phil Mason, sufría serios problemas de estreñimiento, circunstancia que lo obligaba a meditar, teologizar y escribir instalado en "la silla rota", nombre que se daba al primitivo inodoro. Él mismo confiesa que el Espíritu

Gracias a la imprenta, artefacto de invención reciente, las tesis circularon velozmente por Europa y quedó planteado un fuerte enfrentamiento con el Sumo Pontífice.[1]

En un principio, el Papa[2] optó por los ataques personales contra el cura rebelde. Lo llamó "borracho alemán" *(Deutsch betrunken)* y dijo que, cuando se le pasara la curda, juma o perra *(Kurdisch, Jummen, Hündin)*, se arrepentiría. Sinceramente no sé si Lutero era pertinaz bebedor de cerveza, pero ¿qué alemán no lo es? Lo cierto es que no se arrepintió antes ni más tarde. Por el contrario, se dejó venir con nuevas críticas: pidió, por ejemplo, abolir las excomuniones, reducir el número de cardenales, controlar los ingresos del Sumo Pontífice, someter los conventos e iglesias a un baño de pobreza y autorizar el matrimonio de los sacerdotes.[3] Para rematar, denunció al Papa como "el anticristo", acusación que produjo indescriptible alarma en la sede de Alcohólicos Anónimos, que procedió a preparar la hoja de inscripción del antiguo monje.

Diversos intentos quisieron poner fin a la pelea y muchos oraron para que el cielo iluminara las mentes de los rivales, pero ni Dios podía arreglar ya una división tan extrema. Se desprendió entonces de la Iglesia romana y

---

Santo lo iluminó con sus revelaciones *"in cloaca"*. Esto significa que si Lutero hubiera gozado de un intestino dócil, a lo mejor las tesis habrían sido solo 15 o 20. Es maravilloso admirar los instrumentos de los que se vale el Señor…

1 *Papst Saft*

2 *Kartofell*

3 También recomendó Lutero encender fuego a las sinagogas y acabar con los judíos, "raza de víboras". Y luego hay quien se pregunta por qué pasó en el siglo XX lo que pasó.

católica el credo fundado por Martín Lutero, que recibió el previsible y ginecológico nombre de *luteranismo*. Con las ideas del antiguo monje se alinearon millones de súbditos y con el monje se alineó Catalina 'Katy' de Bora, una antigua monja cisterciense con la que tuvo seis hijos.

Contra Lutero, Calvino

El luteranismo inauguró la feria de divisiones entre los cristianos, que también iba a afectar a la nueva iglesia de Lutero. En 1533, un católico francés de 24 años que estudiaba leyes en París, Jean Cauvin o Juan Calvino, quedó maravillado con una conferencia sobre las ideas luteranas y se convirtió a esta flamante fe que proclamaba, entre otras cosas, la libre interpretación de la Biblia. En calidad de profesor de la revolucionaria teología, Calvino se instaló en Ginebra (Suiza), una ciudad muy cerrada intelectualmente. Con el paso de pocos años, ya se había consagrado como líder religioso y político de la comunidad.

Y como no hay peor cuña que la del mismo palo, en 1536 Calvino quiso también tener iglesia propia. El antiguo alumno de Derecho[1] protestó entonces contra la protestada Reforma Protestante, que le parecía demasiado tolerante y liberal. Salvo el trabajo, a Calvino nada le gustaba y

---

1 Alguien tendría que investigar por qué los alumnos de Derecho no se contentan con ser abogados y se vuelven líderes políticos, pontífices religiosos, figuras del deporte y, en múltiples casos, tenebrosos antisociales. Justo es decir que algunos también se han vuelto valiosos historiadores empeñados en interpretar este puto mundo.

todo lo prohibía: el baile, la bebida, el juego, los chistes, el gasto, la moda, la buena mesa, cantar coplas picantes... Y, como en el famoso cuento, "de fornicar, ni hablemos". Eso sí, autorizaba el agio, la evasión de impuestos y las ganancias desmedidas.

El terreno estaba abonado, pues, para que nacieran simultáneamente el calvinismo y el capitalismo.

Contra Reforma, contrarreforma

Calvino demostró pronto que era más papista que el Papa. Si la Inquisición católica quemó vivos a Carlos Brujes en Sevilla y a fray Dulcino en Italia, Calvino hizo lo propio en 1533 con el médico español Miguel Servet, descubridor de la circulación de la sangre. No obstante las tendencias dictatoriales de su patriarca y su restrictiva doctrina, el calvinismo se extendió pronto a toda Suiza, Bélgica, Holanda, el oeste de Alemania y, en sectas minoritarias o grupos aliados, Francia (hugonotes), Escocia (presbiterianos) e Inglaterra (puritanos).

Quedó entonces probado que una de las profesiones más retributivas del orbe es la de Fundador de Iglesias. En el término de pocas décadas, los tristes calvinistas superaron en número a los indignados luteranos. La unidad de la Iglesia católica había quedado atomizada, pero aún faltaban por abrirse más rajaduras.

Tratando de evitar que siguiera la deserción de monjes, abogados y feligreses, Roma reaccionó. La respuesta de la jerarquía católica se basaba en la irrefutable lógica del futbol: si el equipo rival nos ataca, lo rechazamos con un contraataque. Es decir, si los protestantes nos aplican la Reforma, nosotros les aplicamos la Contrarreforma.

Hay que reconocer que el Papa —que para esas calendas era el rubio, esbelto y elegante Gregorio XIII— sorprendió a todos con una estrategia inesperada: demostrar su poderío mediante el recurso de achicar el tiempo. Aconsejado por astrónomos y jefes de imagen, Gregorio dispuso que el calendario perdiera diez días en el mes de octubre de 1582. Como por arte de magia, al terminar la medianoche del 4 de octubre no empezó el amanecer del 5, sino el del día 15. En América el cambio tomó un año en incorporarse. Como dijo el poeta, "todo nos llega tarde", etcétera.

El experimento gregoriano parecía muy prometedor. Entre otras cosas, equilibraba tres días que se perdían cada cuatro siglos,[1] mejoraba el salario de los trabajadores —que recibían su salario mensual aunque sólo laboraban 20 jornadas— y acercaba las rebajas navideñas. Lo malo es que todos los católicos envejecieron de súbito diez días, los empresarios se quejaron y los muertos del día 4 empezaron a oler mal pocas horas más tarde, porque oficialmente ya llevaban más de una semana sin sepultar.[2]

---

1 Las cuentas son muy complicadas. Pero, considerando que el año que dura la traslación de la Tierra alrededor del Sol no tiene 365 sino 365.2422 días, tenía razón Gregorio XIII. No vale la pena repetir la operación matemática: lo más probable es que el lector promedio no lo entienda, y el autor del libro mucho menos.

2 Es el caso concreto de la monja, escritora, poeta, feminista, mística y santa española Teresa de Ávila, nacida el 28 de marzo de 1515 y fallecida del 4 al 15 de octubre de 1582. De allí su famoso poema: "Vivo sin vivir en mí/ y muero sin que me entierren".

Sobra decir que los protestantes se negaron en un principio a aceptar la enmienda de los relojes que decretó el Papa, pero terminaron por resignarse a ella. La terquedad de otros pueblos hizo que los británicos sólo retocaran los almanaques en 1752, los japoneses en 1873, los chinos en 1929, los rusos en 1918 y los griegos en 1923. Corea del Norte se plantea aceptar el calendario gregoriano antes de dos siglos.

La modificación del almanaque y la fundación de la Compañía de Jesús, obra de Iñigo López Regalde, alias san Ignacio de Loyola (1491-1556), fueron los principales pilares de la Contrarreforma. Poco contraataque para una Iglesia que no sólo acusó grietas en Suiza, Alemania, Francia y los Países Bajos, sino que también sufrió otra importante pérdida en Inglaterra. Digamos que allí fue decapitada.

Enrique VIII y señoras

¿Cómo fue que la Iglesia católica perdió a su fiel grey inglesa?

El juglar mexicano sir Cuautémoc Landínez, muy famoso en Inglaterra durante los tiempos del rey Enrique VIII (1491-1547), nos dejó al respecto un popular corrido que aún se recuerda en tabernas londinenses de los bajos fondos. Esta canción relata la vida del cruel soberano y narra cómo se produjo la ruptura entre Roma y Londres:

Enrique VIII

Voy a contarles, señores,
la historia de cabo a rabo
de un hombre con seis mujeres
que se llamó Enrique Octavo.
Fue gordo, chato y rechoncho,
ojichico y patizambo,
pero enloquecía a las hembras
por ser rey y soberano.
Ocurrió en el mil quinientos
en la Inglaterra lejana
donde la gente comía
whisky con hígado en salsa.
La primera que cayó
fue Catalina, de España,
que además de ser su esposa
era también su cuñada.
Con ella tuvo una niña,
pero él sólo ambicionaba
tener un hijo varón
que luego lo remplazara.
Se divorció Enrique de ella
contra el consejo del Papa
y, cuando el Papa lo echó,
fundó la iglesia anglicana.
Encerrada en un castillo,
Catalina peinó canas
mientras el rey se casaba
con otra llamada Ana.
Pero como Ana Bolena
tampoco un varón le daba,
ordenó el rey al verdugo

que el pescuezo le cortara.
El pobre viudito entonces
se enamoró de una Juana
que le dio un hijo tan débil
como ella, pues los velaron
juntos en la misma sala
y Enrique buscó a la cuarta.
Su apellido era De Cleves
y su nombre también Ana,
mas sólo estuvo seis meses
con el rey matrimoniada
y se divorció de Enrique
sin que él la hubiera tocado.
Y como no hay quinto malo,
llegó Catalina Howard,
a la que el cruel soberano
ordenó decapitarla
porque casarse él quería
con la Catalina Parra,
veterana de himeneos
y de alcobas veterana.
Pero tampoco esta esposa,
la sexta que el rey buscara,
le parió un hijo varón
y se quedó con las ganas.
Enrique murió primero
y ella, tal como si nada,
se enredó con otro noble
y murió con él casada.
Y aquí se acaba la historia
del rey don Enrique Octavo,

que dividió en dos la Iglesia
por un capricho villano
y condujo a seis mujeres
al hacha mortal o el tálamo.

Amén de este corrido, Enrique VIII ha sido víctima de muchas leyendas malintencionadas. No es verdad que hubiera ejecutado a todas sus mujeres, cual vulgar Barba Azul. Sólo ordenó que les cortaran la cabeza a dos. Lo que sí consta es que su afán por separarse de Número 1 y casarse con Número 2 produjo una nueva división en la Iglesia católica. De las seis esposas que tuvo, una era viuda de su hermano y otra era hermana de una antigua amante: como se ve, Enrique era un tipo realmente familiar.

El Papa no lo supo comprender, y ahondó la fragmentación de la Iglesia.

España de capa caída

España había gozado de varias décadas de gloria y riqueza, pero sus horas de esplendor estaban contadas. Hipotecada a los banqueros holandeses, privada del aporte comercial de los judíos que expulsó de sus territorios, menguado el poder de la Iglesia que apoyaba, embobada en el embeleco de los títulos de honor y la nobleza, fortalecida la presencia de Inglaterra en los mares y reñida con Francia, sólo faltaba un golpe de gracia que la bajara a la segunda división de las naciones europeas.[1]

---

1 Perdonen la erudición, pero no resisto la tentación de citar un párrafo del hispanista británico John H. Elliott sobre los

Ese golpe fue el fracaso de la Armada Invencible en 1588. La Corona española había reunido una flota de 127 barcos destinados a dar una lección a Inglaterra por sus desafíos a Madrid. Esta fuerza naval, la más poderosa vista en el canal de la Mancha hasta entonces, tenía como misión destronar a Isabel I de Inglaterra, invadir la isla y torturar a los nativos enseñándoles el uso del subjuntivo castellano. Pero el exceso de confianza de los almirantes españoles, el valor de los ingleses y el mal tiempo conspiraron contra el ataque supuestamente irresistible. A las pocas semanas, con una cuarta parte de los buques hundidos, las embarcaciones de Felipe II —aburridísimo bisnieto de Isabel y Fernando— regresaron a sus puertos con la quilla entre las piernas.

¡Alboreaba el siglo XVII! ¡Nuevos horizontes abríanse en Occidente!

---

dirigentes españoles del siglo XVII, que resulta aplicable en otros países y otros tiempos: "Herederos de una sociedad desbordada por sus responsabilidades de mando y rodeados por los despojos cada vez más míseros de su mermado patrimonio, no supieron, en los momentos de crisis, prescindir de sus recuerdos y alterar sus anticuados modos de vida".

14

matador

Amanece el Rey Sol

l capítulo anterior terminó con dos frases cargadas de promesas: "¡Alboreaba el siglo XVII! ¡Nuevos horizontes abríanse en Occidente!"

Llegado a este punto, reconozco que es un pensamiento bastante exagerado. El siglo XVII marcó una modificación en el elenco de actores protagonistas y secundarios: decayeron España y Portugal, Francia se robusteció; el Imperio austro-húngaro siguió dando guerra e Inglaterra saltó al frente. Pero la obra representada cambió poco: poderes que peleaban entre sí; aristócratas que se acuchillaban en la oscuridad; corrupción nacional e internacional; alianzas para destrozar al enemigo común; participación de la religión en casi todos los conflictos; asesinatos, terrorismo con otro nombre, trampas, traiciones, venganzas, crímenes, leyes, decretos, prohibiciones, expulsiones…

Europa era entonces un tenso rompecabezas de reinos, principados, condados, ducados, ciudades autónomas, latifundistas con poder y paisitos de pacotilla. Durante doce años, Inglaterra se declaró república; Suecia, a su turno, sacó pecho como aspirante a potencia; pero el abigarrado paisaje se incendió con una de las más prolongadas y crueles contiendas continentales, digna predecesora de las carnicerías que los tataranietos de aquellos combatientes armaron dos veces en Europa en el siglo XX. La verdad es que el concepto de una agrupación internacional de países aún no existía. Carlomagno, que lo tuvo, había muerto 800 años antes, y Robert Schuman, considerado el padre de la moderna Unión Europea, tardaría casi dos siglos más en nacer.

Treinta años en pie de guerra

La Guerra de los Treinta Años, así llamada porque tuvo lugar entre 1618 y 1648, se alargó a través de otros enfrentamientos durante casi dos siglos hasta liquidar el pulso entre Gran Bretaña y Francia en la batalla de Waterloo (1815). Según la Universidad de Columbia, esta guerra fue "más brutal y destructiva que todos los conflictos feudales y que las guerras modernas surgidas en el siglo XVII después de Luis XIV". Todo empezó por una discrepancia religiosa y una alta ventana: la ventana del castillo de Praga, desde la cual un grupo indignado de protestantes arrojó a tres funcionarios del emperador católico. Este episodio, aparte de mostrar la inconveniencia de adelantar esta clase de disputas en un piso elevado cuando hay en el salón una ventana abierta, ofendió al emperador, que empezó a lanzar protestantes con ventana o sin ella.

Dicho emperador era Fernando II de Habsburgo, duque de Estiria, rey de Bohemia y de Hungría, archiduque de Austria y emperador del Sacro Imperio Romano Germánico. Tantos títulos no estaban compensados por dosis parecidas de prudencia e inteligencia, de modo que él fue el causante de una contrarreforma represiva que se convirtió, con el tiempo, en torrencial baño de sangre cuyo combustible ya no era sólo religioso, sino también político y económico. La guerra se extendió. Y aunque inicialmente participaban en ella alemanes, suecos y bohemios,[1] la guerra acabó asolando buena parte de Europa y cobró víctimas de vereda en vereda. España, aliada de Fernando y enemiga de los Países Bajos, también quedó involucrada en el tablero de combates.

El emperador y el general bohemio Albrecht von Wallenstein, su mano derecha militar (perdón por la redundancia), atropellaron primero a los enemigos religiosos y luego a todo el que se les opuso. Por ejemplo: sajones (oriundos de una provincia alemana vecina de Bohemia), alemanes (prusianos), daneses, suecos, holandeses y franceses. Wallenstein, sujeto inescrupuloso y de malas pulgas, comandaba un ejército de 100 000 hombres, muchos de los cuales eran mercenarios. En febrero de 1634, al terminar un banquete en la ciudad checa de Cheb, un piquete de

---

1 Bohemia es una región de la República Checa. Esto significa que todos los bohemios de ese país son checos, pero no todos los checos son bohemios. Hay, además, bohemios que son bohemios sin ser checos, como el autor de "El brindis del bohemio", tremebundo poema de Guillermo Aguirre y Fierro, que no era bohemio sino mexicano, aunque un mexicano algo bohemio.

soldados enviado por el emperador asesinó a tres generales de Wallenstein y atravesó a lanzazos al propio comandante.

Y mientras cuerpos volaban por las ventanas y guerras iban y venían, el pueblo seguía ahí. Padeciendo. Sufriendo. Desangrado. Oprimido. Hambreado. Engañado. Anónimo. Olvidado.[1]

La guerra continuó durante 14 años más, alimentada por la palabra escrita (libros, manifiestos, panfletos, pasquines y *dazibaos*), hasta que la Paz de Westfalia puso fin a tanta sangría. Dinamarca fue la gran derrotada, en cuanto que perdió buena parte de sus posesiones escandinavas. Suiza pasó a ser considerada país independiente. Alemania firmó la paz en medio de las ruina de cientos de sus aldeas y del campo abandonado; un tercio de la población había muerto en combate o a causa de enfermedades y hambrunas. Los Países Bajos consiguieron el parcial reconocimiento de su independencia frente a España. Ésta ya no suscribió el acuerdo como el imperio que había sido, sino como la potencia de segundo rango al que se había degradado. El Sacro Imperio Romano, iniciador de la guerra, perdió buena parte de su influencia. Los grandes vencedores fueron Suecia, que ganó territorio y se consolidó como matrona del mar Báltico, y, sobre todo, Francia.

Le siècle français

El siglo XVII, sin embargo, no había empezado bien para Francia, a menos que uno considere que el cambio de religión de un rey y el asesinato de dos son buenas noticias.

---

1 Tan olvidado estaba y sigue estando el pueblo, que por primera vez lo menciono en esta obra.

El primero de los dos difuntos fue Enrique III, a quien cosió a puñaladas un fraile dominico en 1589. A este Enrique, que pertenecía a la casa Valois, lo remplazó su tocayo Enrique III, primero de la familia Borbón,[1] que empezó por cambiarse la marca —de Enrique III de Navarra pasó a ser Enrique IV de Francia— y más tarde cambió de religión. Era líder protestante (hugonote) y dio el salto al catolicismo para asegurarse la corona, tras exclamar: "París bien vale una misa". Habría sido recomendable que también se cambiara de ropa interior, pues su fetidez llega hasta nosotros a través de los siglos.[2] Enrique IV fue apuñalado en 1610 por un vengativo extremista católico, que exclamó: "París bien vale una misa de réquiem".

Para ser justos, conviene decir que, al igual que la sífilis, el regicidio no era un mal exclusivamente francés. La prueba es que los ingleses ejecutaron en 1649 a Carlos I,[3] coleccionista de errores y de pintura, a quien intentó remplazar su hermano, Jaime II. Tan trágico episodio fue producto de una

---

1   Se trata de una familia con enorme vocación real. En Francia, a partir de Enrique IV, todos los reyes fueron Borbón. En 1700, al morir el último rey Habsburgo de España (Carlos II, el Hechizado, huérfano de encantos y de hijos), los Borbón montaron una línea de exportación de soberanos y uno de ellos, Felipe V, se posesionó del trono español. Desde entonces hasta hoy los Borbón reinan en España.

2   La nariz del pueblo clasifica entre los reyes más desaseados de la historia a Isabel de Castilla, que vistió una misma camisa durante 20 años; Luis XIV, que sólo se bañaba una vez por semestre y el propio Enrique IV, cuya mujer perdió el sentido en la noche de bodas, pero no de emoción sino de choque olfativo agudo.

3   El infausto suceso no se antoja tan grave si tenemos en cuenta que, según estadísticas de serios historiadores, han regido a distintos países europeos 53 Carlos.

época convulsa en que los ingleses ensayaron varias fórmulas de gobierno: rey sin parlamento, parlamento sin rey, un sustituto del monarca que se llamó Lord Protector y cesión masiva de poderes al hombre determinante de su tiempo, Oliver Cromwell. El asunto acabó en que los dos grandes partidos, para entonces recién nacidos, trajeron un rey de la familia holandesa Orange, echaron a Jaime II y treparon al trono a William y Mary, los soberanos importados. A esto se llamó la Gloriosa Revolución, vaya usted a saber por qué, aunque algunos afirman que allí se engendró la separación de poderes, indispensable en una democracia.

Volvamos a Francia. Superado el problemita de los reyes asesinados, Luis XIII y su madre, María de Medici, manejaron el país con la valiosa ayuda de un cardenal ambicioso, inteligente y habilísimo cuyo aporte fue definitivo para enrumbar a Francia hacia la preponderancia occidental durante un largo periodo. El cardenal Richelieu (1585-1642), de nombre completo Armand Jean du Plessis, fue asesor de la reina, secretario de Estado y primer ministro. Pero su papel desbordaba estos títulos. Era el poder detrás del trono, capaz de formidables piruetas diplomáticas, de librar victoriosas guerras, de emprender inclementes persecuciones y de administrar toda clase de intrigas y consejas palaciegas. Fue promotor de la literatura y el arte, fundador de la *Académie Française* y director de la universidad de la Sorbona. Montó en su castillo rural y su palacete parisino (el célebre *Palais Royal*) una colección de arte que le envidiaba hasta el rey.

CaRDenal Richelieu

140

Por desgracia, el eficiente Richelieu ha padecido de muy mala prensa por culpa de las novelas de Alejandro Dumas, que lo retratan como un siniestro conspirador contra Luis XIII y la reina. El papel de buenos muchachos se reserva en sus páginas a los tres mosqueteros, que eran cuatro: Athos, Porthos, Aramis y el joven D'Artagnan. El folletín se empezó a publicar en 1844, cuando el cardenal llevaba 202 años bajo tierra y no podía defenderse. Aún hoy la poca gente que lee a Dumas tuerce la boca cuando oye pronunciar el nombre de Richelieu. Ya está bien, oiga…

Luis XIV no era sólo un mueble

Si vamos a hacer justicia, poco contribuyeron los matachines de Dumas al progreso de Francia, y en cambio De Plessis fue pieza clave para enrumbar el país por un camino dorado. Llevaba Richelieu apenas cinco meses de fallecido cuando corrió la misma suerte Luis XIII, hijo de Enrique IV, y la corona pasó a manos de un personaje que engrandeció aún más a Francia y fue modelo de los reyes sin control. Se trata de Luis XIV, un simpático gordito que a sus escasos 4 años heredó el trono, se atornilló en él durante 72 años —de 1643 a 1715—, y aún con dientes de leche empezó a mandar con férrea autoridad digna de enfermera jefe.

La imagen que tienen los historiadores vulgares de Luis XIV es la de un sujeto pomposo, empolvado, currutaco y repolludo a quien le encantaba ofrecer fiestas monumentales en su palacio de Versalles y tuvo por lo menos cinco amantes, entre ellas una con la que al final se casó: Madame de Maintenon.

Los historiadores profundos, en cambio, sabemos que todo lo anterior es verdad pero que, apartando jolgorios y elegancia cortesana, Luis XIV fue un personaje que supo nombrar a valiosos colaboradores, como el cardenal Jules de Mazarino, sucesor de Richelieu, y el protoeconomista Jean-Baptiste Colbert, que fomentó el comercio, la industria, la arquitectura, las obras públicas y embelleció a París.

Gracias a ministros como los mencionados y a la devoción de Luis XIV por su trabajo, el rey se convirtió en ejemplo de gobernantes y Francia, en el país más importante del continente. Aunque hemos dicho que la ducha diaria no era su mayor afición, sí se daba frecuentes baños de popularidad por las calles de París.

El soberano vivía rodeado de áulicos que, como en todas las cortes, le hacían la *ídem*. El ceremonial de Luis XIV y la reverencia con que lo acolitaban los chupamedias de palacio superaba cualquier chiste que pueda ocurrírsele a un historiador gracioso. Quien mejor describe pompa, parrandas y protocolos de palacio es Voltaire, contemporáneo del rey. El mordaz autor parece admirarse por el lujo de las bodas, los bailes y las óperas de la corte, y emula con las chismosas modelos que hoy nos agobian en la televisión. Entre otros detalles, Voltaire revela la lista de amoríos del soberano; no fueron muchos, para los estándares de la época: apenas cuatro o cinco, entre solteras y casadas.

LUiS XIV

El día real del rey comenzaba a las ocho en punto de la mañana, cuando el chambelán, el médico de cabecera y algún príncipe de turno entraban al dormitorio real; dos jefes de protocolo ataviados con pelucas blancas eran los encargados de despertar al soberano, cosa que hacían de rodillas. De inmediato, manos privilegiadas le encajaban a Su Majestad la desproporcionada peluca oscura que luce en todos los cuadros y retiraban la bacinica de rica porcelana donde el rey había depositado sus humanas aguas durante la noche.

Entre cuatro o cinco de los presentes enfundaban luego al rey en una bata levantadora constelada de joyas y el chambelán daba dos golpes con su bastón, señal para que penetraran al recinto el barbero y un desfile de nobles, aristócratas, duques, jefes religiosos, secretarios y tal cual favorita. En ese punto, y acariciado por la navaja del barbero, el rey empezaba a discutir los asuntos de Estado y a tomar decisiones. Unos minutos más tarde, alguien a quien se había dispensado el altísimo honor de calentar la camisa que vestiría ese día el soberano le entregaba la tibia prenda.

La postura de la camisa marcaba el punto más alto del ritual: el camarlengo sostenía una de las mangas, un duque la otra y la cabeza empelucada del rey brotaba por entre los adornos y el encaje del cuello. Seguían las medias de seda, las pantalonetas de brocado, el cinto con su espada, la casaca enjaezada con alamares y los zapatos de tacón alto. Como remate del proceso, al que habían asistido decenas de personas, el Guardián del Collar Dorado le entregaba el simbólico colgandejo en bandeja de plata y algún duque le arrimaba el cetro, mientras que otro lo cubría con una capa de armiño. En ese punto desfilaba el rey entre exclamaciones de alabanza, reverencias y melindres por el gran vestíbulo del palacio en dirección a la capilla, donde se ocupaba de rezar sus oraciones matinales en diálogo de tú a tú con el Padre Eterno.

Luis comandaba en casa un equipo de 200 ujieres, en el despacho una pandilla de miles de burócratas y en el campo un ejército de entre 400 000 y 600 000 hombres. Numerosos intelectuales y escritores —Racine, Molière, La Bruyère, La Fontaine— revoloteaban alrededor de su despacho.

No se sabe bien por qué lo apodaban el Rey Sol: si por el brillo de sus ropajes, por los empastes que le había insertado en su escasa dentadura el sangrador real, por la simpatía que irradiaba o por el excesivo servilismo de sus súbditos. Seguramente era por esta última razón. Lo cierto es que definió su papel en la magnificencia francesa con sólo dos palabras, que podrían ser hasta cinco, según el dominio del francés de quien las lea: *letá cemuá*, o, mejor dicho, *L'État c'est moi.* Es decir, "el Estado soy yo".

El Rey Sol sigue siendo uno de los personajes más discutidos de la historia de Francia. Hay quienes lo veneran y quienes, como cierto historiador con apellido de diccionario, señalan que "en la política como en la alcoba, y en la religión como en la vida familiar, lo inspiraba el sentimiento más despreciable de todos: el egoísmo". Sea como fuere, ni los unos ni los otros le han perdonado ni le perdonarán nunca los incómodos, recargados, ostentosos, presumidos y lobísimos[1] muebles Luis XIV que adornan muchas salas y comedores alrededor del mundo.

---

1 El colombianismo *lobísimo* equivale al españolismo *hortera*, al chilenismo *siútico*, a los argentinismos *biorsi* o *berreta*, a los mexicanismos *naco* o *caguengue*, al peruanismo *huachafo*, al venezolanismo *balurdo* y al uruguayismo *mamarracho*.

15

matador

La ciencia pega el grito

Es increíble que una fruta —la manzana— haya dado pie a dos mitos históricos tan extendidos como la creación del hombre y el descubrimiento de las leyes de la gravitación. Según estas pertinaces leyendas, la humanidad se fue al traste cuando Eva convenció a Adán de que mordiera la manzana de la tentación en el paraíso terrenal, e Isaac Newton planteó la famosa ley de la gravedad en el instante en que le cayó una manzana en la cabeza.

Mentiras. La Biblia nunca dice que el fruto del árbol de la ciencia del bien y del mal fuera una manzana. Tampoco sabe ni responde de qué fruto se trataba. Pudieron haberlo sido —¿por qué no?— una papaya madura, un banano en tanga, un madroño (con oso o sin él) o una erótica uchuva, a la que hay que desvestir para comerla. Y en cuanto a Newton, no existió manzana alguna que cayera sobre su cabeza. Lo que ocurrió fue que, cierta noche de 1666 en que se alojaba en la granja de su madre, vio, a la luz de la luna, que se desprendía una manzana de la rama de un árbol. Entonces pensó lo mismo que todos hubiéramos pensado en circunstancias parecidas: ¿por qué se cae la manzana pero no se cae la luna?

La diferencia es que esta pregunta, que cualquiera de nosotros habría respondido alzando los hombros y olvidándose del tema, suscitó en Newton intensas cavilaciones que concluyeron en la formulación de la ley de la gravitación universal. Los historiadores profundos consideramos que esta ley es piedra angular de la historia de este puto mundo. Prescindiré de exponer la fórmula y aun de ofrecerla en forma de ecuación porque podría confundir a los lectores casi tanto como me confundió a mí en tiempos escolares. Pero vale la pena decir que ella recoge el momento más brillante de la revolución científica, una suma de brotes de inteligencia aislados que prosperaban en varios países de Europa mientras los políticos decapitaban reyes y se entretenían en interminables guerras.

La revolución científica cambió el rumbo de la humanidad y permitió que floreciera en los siguientes siglos un progreso material al que debemos casi todas las comodidades de hoy, inclusive la rasuradora eléctrica de fosas nasales y la computadora en que escribo estas líneas.

Los primeros pasos de este terremoto universal se habían dado en Grecia; más tarde, en el siglo XVI, como ya se vio en un capítulo anterior, Nicolás Copérnico replanteó la astronomía; y al comenzar el siglo XVII, Galileo Galilei examinó las estrellas gracias a poderosos telescopios fabricados por él y notó que todas las cosas caían a Tierra a la misma velocidad.

Newton: cuestiones de gravedad

El mismo año en que murió Galileo (1642) nació en Inglaterra Isaac Newton, un bebé enclenque cuyo padre había fallecido durante el embarazo de la madre. Los abuelos se encargaron de criarlo sin mucho entusiasmo, pues el niño era bastante travieso y muy inteligente pero no muy buen estudiante, y prefería fabricar muebles de muñecas para regalar a los compañeros que acudir a clase. En realidad, casi todos los regalos eran para una pequeña amiga, Catherine Storer, que fue la única novia, por llamarla de alguna manera,

Newton

que tuvo Newton a lo largo de sus 83 años de vida. Hay quienes atribuyen la formidable fertilidad de su inteligencia al hecho de que no tuvo mujer que lo esclavizara, ni pasión romántica que lo hiciera trasnochar en vano.

Lo estimulaban mucho, en cambio, los desafíos intelectuales… y también los otros, los de puñetazo y bofetada. Siendo su condiscípulo de escuela, cierto hermano de Catherine llamado Arthur le propinó una vez un puntapié en la barriga, y Newton reaccionó como un astro mexicano de la lucha libre: lo derribó de una patada voladora, lo trincó con una doble nelson y le aplicó la tabla marina a la espalda. Finalmente, lo agarró por las orejas, lo hizo morder el suelo y le sacudió la cabeza contra un muro de la iglesia local. Este último recurso no se aplica desde entonces porque en el *ring* no hay iglesias, pero se le conoce como "el binomio de Newton", cuya expresión algebraica es (A+B), todo al cuadrado. Donde A es el muro de la iglesia, B es la cabeza del muchacho, el paréntesis ( ) son las orejas de la víctima, y cuadrado es como quedó el cráneo de Arthur Storer después de los golpes.

No es raro que Newton terminara la escuela sin dejar muchos amigos. Se matriculó a los 18 años en la Universidad de Cambridge, donde fue un estudiante mediocre, pero mantuvo relaciones íntimas y cotidianas con los libros, sus mejores amigos. Inicialmente, sus intereses se dirigieron al campo de la óptica, donde descubrió que la luz blanca es una suma de todos los colores; a los 26 años fabricó una nueva variedad de telescopio y poco después llegó aquella noche de la luna, la manzana y las cavilaciones que lo condujeron más tarde a plantearse la ley de gravedad.

En el ínterin, sin embargo, fue fiel a su fama de peleonero. Trabajando con números desarrolló una técnica matemática llamada cálculo. Quiso la casualidad que el matemático alemán Gottfried Wilhelm Leibniz llegara a los mismos resultados de Newton, lo que provocó una riña internacional pues cada uno alegaba que el otro lo había plagiado y las comunidades científicas de sus respectivos países respaldaban los respectivos alegatos.

El enfrentamiento se zanjó de manera salomónica, cuando se atribuyó a ambos la invención del cálculo. Temiendo que a él le tocara la peor parte, Leibniz insistió en que no se dividiera el cálculo por sílabas.

Siempre inquieto, Newton dio en experimentar en su propio cuerpo con la alquimia —que era la química primitiva— y por poco se envenena. De todos modos, se le envenenó bastante el carácter. Así quedó demostrado en sus enfrentamientos con el físico inglés Robert Hooke, que fue un rival infatigable y mezquino.[1] La mayor polémica entre los dos surgió a raíz de los hallazgos del alemán Johannes Kepler, uno de los cuales señalaba que los planetas giran en torno al Sol en órbitas elípticas y no circulares. Basado en ello, Hooke pudo plantearse algunas preguntas relacionadas con la fuerza que podía atraer a los planetas. Cuando el científico Edmund Halley, uno de los pocos amigos fieles de Newton, le comentó las inquietudes de Hooke, el buen Isaac respondió bostezando que él tenía resuelto ese problema desde hacía varios años (¿recuerdan la luna, la manzana, la noche fría, etcétera?) y a instancias de Halley se sentó a redactar cuanto sabía acerca del asunto.

Dieciocho meses después, en 1687, dio a conocer uno de los libros más trascendentales de la Historia: *Philosophiae Naturalis Principia Mathematica* (para los amigos, *Principia)*. Estaba escrito en latín y tardó casi medio siglo en publicarse en inglés. En él, Newton plantea tres principios o leyes del movimiento. La primera ley, la de la inercia, dice que un cuerpo en movimiento no se detiene sino por fuerzas externas. Lamentablemente, nosotros tampoco podemos detenernos en las otras leyes porque resulta demasiado técnico para nuestros lectores, pero Newton deduce en las páginas de *Principia* (pronúnciese *Prinquipia)* las normas que regulan la atracción entre los cuerpos.[2]

---

1 Hooke era para Newton lo que Antonio Salieri para Mozart o José Mourinho para Pep Guardiola: un sujeto envidioso y de talento inferior que siempre pretendió igualarse con el genio y no vaciló en acudir al juego sucio para hacerle daño.

2 Hablamos de los cuerpos en tanto que masas palpables,

Lo trascendental de los planteamientos de Newton es que no se detenía en parroquialismos: cuando él señalaba que las masas se atraen entre sí, era una norma de vigencia universal, válida para todos los países, los gobiernos, las religiones y los planetas.

No contento con dejar huella imborrable en la mecánica, las pesquisas alquímicas, las matemáticas, las ondas de la luz y la cara de Arthur Storer, Newton fue también teólogo, corredor de bolsa[1] y director de la Casa de la Moneda, cargo desde el cual persiguió e hizo ahorcar a numerosos falsificadores de dinero.

Llegó a ser muy rico; el rey lo nombró Sir y ocupó silla en el parlamento entre 1689 y 1701. Allí, sin embargo, pasó casi inadvertido. Las únicas palabras memorables que pronunció (juro que es verdad) estaban dirigidas a un ujier:

—Cierre la ventana, por favor, que está entrando mucho frío…

Considerado el mayor científico de la historia, Newton murió de un cólico renal en 1717 en medio de la veneración de la sociedad inglesa, atendido por su sobrina, solterito y a la orden. Había visto pasar los ataúdes de sus principales enemigos y descender a la tierra. Como cualquier manzana.

Albert Einstein, considerado el mayor científico del siglo XX, enmendó algunas de las leyes del genial inglés en su

---

desde el Sol hasta una galleta de canela. De la atracción de otra clase de cuerpos se ocupó años después el psicoanalista Sigmund Freud.

1 En una burbuja que quebró a muchos inversionistas de la Compañía de los Mares del Sur, Newton perdió 90 % de su capital. Cuando le preguntaron por qué no previó semejante crisis, explicó: "Yo puedo predecir el movimiento de los astros, pero no la locura de la gente".

aplicación a escalas mayúsculas. Al hacerlo escribió: "Perdóname, Newton; tú hallaste el único camino que en tu tiempo era posible para un hombre de máxima capacidad de pensamiento y poder creativo. Tus conceptos, los que tú creaste, aún guían nuestro pensamiento en física". Habían pasado más de dos siglos y medio entre uno y otro portento.

Newton fue la cúspide de la revolución científica del siglo XVII, pero no fue el único que aportó nuevos conocimientos a la humanidad. Ya hemos mencionado a otros: Leibniz, que inventó una máquina para multiplicar y dividir; Hooke, que perfeccionó el microscopio; Halley, que además de calcular la circulación de los cometas[1] desarrolló las primeras tablas de mortalidad estadísticamente fiables, estudió los eclipses y descubrió numerosas estrellas; Denis Papin, que inventó la olla a presión, primera aplicación práctica del vapor, y preparó en ella un estofado para el rey Carlos II; el holandés Antoni van Leeuwenhoek, que descubrió las bacterias, a las que bautizó con el cacofónico y equívoco nombre de "animálculos"; Huygens y Floyer, que mejoraron el reloj; Benjamin Franklin, el estadounidense que diseñó el pararrayos y las estufas metálicas o salamandras; Lavoisier, que clasificó científicamente los elementos químicos; y, sobre todo, James Watt, cuya máquina de vapor,

James Watt

---

1 Probablemente fue también este científico londinense el creador de la banda Bill Haley y sus Cometas, pionera del *rock-and-roll*.

que perfeccionó un invento anterior, abrió en 1764 las puertas a la Revolución industrial.

Todo esto ocurrió entre comienzos del siglo XVII y mediados del XVIII.

Además del avance notable en la ciencia, se produjo entonces un progreso similar en el pensamiento humano. El filósofo inglés Francis Bacon (1561-1626), descubridor de la tocineta, planteó en su libro *Novum Organum* (1620) las bases del método científico: experimentar, observar, repetir, deducir. A su turno, el francés René Descartes (1596-1650) planteó la duda metódica como origen científico del pensamiento y descartó (por eso lo llamaban Descartes) la mitología y la fe como fuentes de sabiduría. "Pienso, luego existen", exclamó el filósofo al observar cómo subsistían los animales de su granja gracias a la comida concentrada.

De allí pasó a aplicarse el principio a sí mismo. Descartes hizo énfasis en la razón y en la lógica y atacó la astrología, la magia y las supersticiones. Excusen los lectores si me vuelvo repetitivo, pero sorprende y deprime comprobar que, más de tres siglos después de esta apertura hacia el raciocinio, millones de personas guían su vida por la carta astral y creen que estamos infiltrados por marcianos, que del cielo caen milagros y que existen unos médicos invisibles que operan a los enfermos a cambio de un vaso de agua nocturno.

El músculo descansa

Si algún invento representa una nueva época histórica, fue la máquina de vapor respecto de la Revolución industrial. Su primer impacto se produjo en la transformación del algodón en telas y textiles gracias a veloces y eficaces telares modernos, pero también el transporte y otras áreas se beneficiaron de la llegada de la máquina de vapor o de agua. El aparato, que hoy miramos como una antigualla, logró remplazar por ingenios mecánicos el músculo humano, que había sido apoyo y motor del avance en el planeta. Fue algo similar a lo que ocurrió a fines del siglo pasado con la computadora y el cerebro. Hasta el momento en que Watt logró convertir el movimiento vertical de pistones en un desplazamiento rotatorio que impulsó desde telares hasta locomotoras, el músculo había permitido arar la tierra, levantar pirámides, construir caminos, desplazar embarcaciones a punta de remos, alzar pesos, fabricar telas, cortar madera y un sinnúmero de actividades y oficios.

Todo ello fomentaba la esclavitud, la servidumbre y la explotación. En algunos trabajos, otros músculos —los de bueyes, caballos, burros, camellos— auxiliaban el esfuerzo del hombre.[1]

Un inolvidable colega, Isaac Asimov, señala que gracias a la energía obtenida de esta manera "la faz del mundo cambió más drásticamente, y con increíble celeridad, que en cualquier época desde la invención de la agricultura, casi diez mil años atrás". Otro querido amigo e historiador, José V. Mogollón, refiere cómo el vapor remplazó al músculo y luego al viento, según lo demostró el exitoso primer viaje del *Clermont*, engendro de casco fluvial y caldera que subió las aguas del río Hudson en 1807, "deslumbrando a muchos espectadores". Finalmente, sostiene el colega H. G. Wells, que la civilización antigua se construyó a base de trabajo humano barato

---

1 Y la mujer, por supuesto: se trata apenas de una generalización gramatical de género.

y degradado y la civilización moderna se levantó gracias al poder mecánico barato.

La verdad es que el trabajo humano degradado y barato no desapareció. Sólo se transformó, como el algodón. Lo veremos luego.

Espías & Co.

Al poder de las máquinas hay que agregar un condimento indispensable: la picardía humana. Ocurre que la Revolución industrial estalló en Inglaterra, y llevó pronto a la conversión de múltiples máquinas movidas por humanos en máquinas movidas por la fuerza del vapor. El cambio fue veloz y fue brutal. Los ingleses entendieron que el monopolio de esta revolución les permitiría dominar el mundo, de modo que declararon secreto nacional los planos de ingeniería de las nuevas máquinas, prohibieron su exportación e incluso proscribieron la salida de ingenieros especialistas en diseñar y operar los equipos destinados a cambiar la vida de los terrícolas.

Los Estados Unidos, que habían empezado a surgir con fuerza tras independizarse de Inglaterra en 1776 (ver próximo capítulo), estaban decididos a aprovechar las nuevas tecnologías. Conseguir planos de las máquinas y personal conocedor de los equipos se convirtió entonces en un propósito nacional. El eslabón que necesitaban se llamó Samuel Slater, un ingeniero inglés nacido en 1768 que trabajaba desde niño en novedosos telares hidráulicos y se había hecho profundo conocedor de estos aparatos y su funcionamiento.

Hasta Slater llegaron los ecos de algunos capitalistas norteamericanos que le ofrecían el oro y el moro si se marchaba a trabajar en Estados Unidos. Slater aceptó. Pero como su equipaje debía ser revisado cuidadosamente en las aduanas para que no sacara planos prohibidos, se dedicó a aprenderlos de memoria. Y un día de 1789 huyó por fin de Inglaterra disfrazado de campesino y llegó a Rhode Island, zona situada entre Nueva York y Boston. Iba dispuesto a montar una planta textil. Tenía 21 años y llevaba la cabeza llena de dibujitos de ejes de levas, ruedas dentadas, lanzaderas, calderas y correas. También dominaba las nuevas estrategias de gerencia y administración empresariales.

Las innovaciones de Slater lo volvieron multimillonario. Trasladó a su familia de Inglaterra y formó con ella la poderosa Samuel Slater & Company. La Company era su mujer, que patentó una aguja de hilar y aumentó el capital doméstico. Sus equipos y modelos gerenciales fueron imitados y en 1815 la costa este de Estados Unidos ya era una potencia en la industrialización del algodón. Solamente en la ciudad de Providence, capital de Rhode Island, trabajaban más de 13 000 obreros.

Por desgracia, Slater también importó de Inglaterra el trabajo infantil. Miles de niños de entre 7 y 12 años conformaban la fuerza laboral de su fábrica. El progreso de la industria textil de Rhode Island se afincó en los "locos bajitos". En 1830, 55 % de los trabajadores del estado eran niños a los que se pagaba menos de un dólar semanal. Existía en las instalaciones una siniestra habitación donde los capataces castigaban a los niños rebeldes que no rendían lo bastante en el trabajo: los azotaban y luego les daban el tetero.

Slater murió en 1835. En Estados Unidos lo llaman "el Padre de la Revolución Industrial Norteamericana". En Inglaterra lo denominan "el Gran Traidor". Sería interesante saber cómo lo apodaban los niños explotados, pero seguramente el mote incluía un merecido homenaje a su señora madre. El espía devenido en magnate merece todos esos títulos, y además el de "Padre del Espionaje Industrial", actividad que continúa en boga.[1]

Cambia, todo cambia

A pesar de las precauciones de Inglaterra, la Revolución industrial se extendió a muchos países y, al multiplicarse, hizo daño a las perspectivas inglesas en sus aspiraciones de convertirse en amo supremo de este puto mundo. Surgió entonces un nuevo esquema de economía internacional: los países pobres exportaban productos básicos, principalmente frutos de la siembra y de las minas, y los países ricos se encargaban de transformarlos en sus industrias y venderlos luego con clamorosos sobreprecios a los productores originales.

---

1 Que no se lamenten los ingleses por aquel espía. Recuerden que en 1876 el aventurero inglés Henry Wickham robó miles de semillas de caucho brasileño; el gobierno inglés las acogió en el Jardín Botánico Real (Kew Gardens) y las cultivó y exportó luego a sus colonias asiáticas. De este modo arruinó Inglaterra la economía amazónica. Y qué decir del tal "Sir" Francis Drake, infame pirata que asaltó en Panamá una caravana de mulas cargadas de plata y oro y en 1586 incendió 248 casas en Cartagena de Indias, extrajo a los ciudadanos con amenazas 107 000 ducados y se robó las campanas de todas las iglesias. "El que tiene tejado de vidrio, no tire piedras al vecino…"

Hacia mediados y finales del siglo XVIII el mundo occidental se había vuelto un lugar apasionante y agitado. A los hallazgos científicos se añadían las innovaciones tecnológicas e industriales y a éstas, los cambios económicos. Todo ello alimentaba nuevas ideas políticas inspiradas en la razón y en la lucidez, hasta el punto de que la época se llamó la Ilustración. Pensadores como el inglés John Locke, los franceses Montesquieu y Voltaire, el suizo Jean-Jacques Rousseau, el español Jovellanos, los estadounidenses Franklin y Jefferson y los autores de la *Enciclopedia* francesa lanzaban ideas nuevas sobre la manera como deberían comportarse el ciudadano, gobernarse los países o separarse la Iglesia y el Estado.

La situación estaba madura para que los cambios radicales no sólo ocurrieran en laboratorios y fábricas, sino también en las instituciones políticas.

16

matador

Tres revoluciones por el precio de una

Agitado por las hondas y veloces novedades científicas, tecnológicas y económicas, el mundo político también se sacudió. En menos de 150 años —una fracción infinitesimal de la Historia— se produjeron tres revoluciones nativas que legaron trascendentales efectos internacionales. La primera, en 1776, fue la de los Estados Unidos de América; la segunda, la francesa, en 1789; y la tercera, en 1917, la rusa. Todas se levantaron contra un soberano —rey o zar—, envolvieron una dosis de violencia, propusieron un nuevo tipo de relación entre el poder y los ciudadanos y crearon una república.

En este y el próximo capítulo las ofreceremos, por primera vez juntas, comparadas y con paradas.

Los peligros del té

No resulta fácil asimilarlo, pero hace apenas cuatro siglos y pico uno de los países más ricos del continente americano era el Perú y uno de los más pobres, Estados Unidos. Los metales preciosos y los productos botánicos peruanos eran sinónimo de riqueza, como ahora lo es el montaje de un restaurante de comida peruana, mientras que el vasto territorio situado al norte de México era una región habitada por indígenas mucho más atrasados que los aztecas o los incas y, salvo tabaco y mocasines, era poco lo que producían.

Ni siquiera se sabía bien qué había allá arriba, en el incógnito norte. En 1497, el navegante italiano Giovanni Caboto desembarcó en Canadá, se aburrió y se fue. En 1513, un capitán español anduvo buscando la fuente de la eterna juventud por los lados de la Florida, pero envejeció sin hallar nada. En 1524, llegó hasta la bahía de Nueva York otro italiano, Giovanni de Verrazano,[1] que señaló el sitio para un futuro puente y se largó. La primera aldea estable tardó en nacer cuatro décadas más. La fundaron los españoles en 1565 y se llamó San Agustín. Estaba situada en la Florida y formaba parte del virreinato de Nueva España (México).

Desde entonces se oye hablar castellano en esas playas.

Durante los siguientes siglos, colonos españoles, ingleses, holandeses, alemanes y franceses ocuparon poco a poco zonas de Estados Unidos. Los más recordados son

---

1   Como se ve, es impropio hablar de *la colonia italiana en Nueva York;* lo correcto es hablar de la *colonia anglosajona en Little Italy*, pues los italianos llegaron allí primero.

unos puritanos británicos que desembarcaron del velero *Mayflower* en 1620. Un año antes habían llegado unos huéspedes obligados: los esclavos negros africanos, que tan decisivo papel iban a jugar en el país. Con velocidad aún mayor que la colonización fueron desapareciendo los aborígenes de tez rojiza. En el siglo XVII, después de comprar algunos terrenos y ocupar otros, estaba bastante claro que la vasta comarca era una suma de colonias inglesas.[1] Si a alguna corona tenían que oponerse los habitantes de Estados Unidos eran las casas reales de los Estuardos y los Hanover, y si de algún país tenían que independizarse era de Inglaterra.

Y eso fue lo que hicieron. Agobiados por las tasas e impuestos con que las autoridades inglesas castigaban numerosas importaciones, empezaron por protestar, optaron luego por el boicot de productos británicos y más tarde acudieron a la desobediencia civil. En 1773, los habitantes de Boston, irritados por el impuesto al té, lanzaron al agua un cargamento de estas amargas hojas procedente de Inglaterra. El episodio, bautizado discretamente como "Fiesta del té de Boston", mostró el camino hacia la independencia, consistente en no tolerar las "Leyes Intolerables" y sustituir el té por la Coca-Cola.

---

1 Tan poca importancia y tan escaso valor se otorgaba en el siglo XIX al territorio de Estados Unidos que Luis XIV le cedió el enorme estado de Louisiana a España como quien se desprende de un perro con incontinencia urinaria; unos años después, España le devuelve el perro a Napoleón; y este lo vende más tarde por 15 millones de pesos a Estados Unidos y se frota las manos convencido de que estafó a los gringos.

Washington: el prócer del One Dollar

Washington

La confrontación condujo a la guerra. Jorge Washington, dueño de una hermosa peluca blanca[1] y una próspera plantación de tabaco, fue elegido comandante jefe del Ejército por el Congreso Continental que gobernaba a la colonia. Menos de un año después, el 4 de julio de 1776, los locales vencieron a los ingleses y proclamaron la independencia. En 1787, representantes de las antiguas colonias firmaron una Constitución que se mantiene hasta nuestros días. Entre los postulados revolucionarios de la carta están la igualdad, el derecho a buscar la felicidad, la libertad de expresión y la prohibición de la censura. Washington fue elegido primer presidente de la federación republicana de Estados y repitió periodo en 1792. No quiso regresar por tercera vez, aunque lo invitaron a ello, porque consideraba que tanta repetición es dañina, lo mismo en la política que en la mesa. Fue un demócrata y ciudadano ejemplar, que seguramente se habría escandalizado con muchos de los actos de sus sucesores.

Urge señalar que esto acontecía trece años antes de la Revolución francesa, que defendió más o menos los mismos

---

1 Investigaciones posteriores han precisado que Jorge había sido pelirrojo cuando joven y que la peluca no era un tupé sino exceso de polvo blanco en el pelo natural. Es bueno que se aclare. El pelo.

162

valores y, adicionalmente, añadió la libertad de rebanar pescuezos. La influencia de la Revolución gringa en la francesa —y en la formación de las nuevas democracias alrededor del orbe— fue tan grande que Thomas Jefferson, prócer norteamericano, asesoró en París la redacción de los Derechos del Hombre[1].

En reconocimiento, Francia le envió como recuerdo las llaves de la Bastilla, o por lo menos una copia. Hoy le habría mandado un encendedor con la figura de la Torre Eiffel.

Jorge Washington era un tipo de 1.90 metros de altura que padecía tremendos dolores de muela. Basta con observar, para notarlo, su imagen tristona y la hinchazón de los cachetes en los billetes de un dólar. No sólo fue modelo para los billetes sino para sus compatriotas, que pusieron su nombre a la ciudad capital y a un pequeño y lluvioso estado del noroeste, cuna de la célebre familia de psiquiatras Frasier. En diciembre de 1799, cuando Jorge Washington soñaba con festejar la llegada del nuevo siglo, lo atacó primero un resfrío y luego lo atacaron varios médicos que le aplicaron agotadoras sangrías. Murió a los 67 años de un choque hipovolémico causado por la extracción de cinco pintas de sangre. Se quedó a dos semanas del siglo XIX.

Tête à tête

Si se hiciera un concurso acerca del peor consejo que recibió gobernante alguno en la historia de este puto mundo, segu-

---

1 En mi modesta opinión de científico y politólogo, esta declaración y el sistema métrico decimal son dos de los mayores aportes de la Revolución francesa.

ramente lo ganaría el que dio a Luis XVI Jacobo Necker, banquero suizo que fungía como ministro de finanzas.

—Convocad los Estados Generales, majestad…

Era julio de 1788. Luis XVI, nieto del bisnieto de Luis XIV, gobernaba Francia. No era un mal tipo este Luis XVI de 30 años, pero soplaban malos vientos para el Antiguo Régimen, es decir, la estructura que ponía en manos del rey y la nobleza el control del Estado. Francia estaba en bancarrota, la inconformidad de los pobres aumentaba, los ecos de la independencia estadounidense se hacían sentir, la Ilustración y el Racionalismo proponían relaciones más igualitarias en la sociedad, la reina María Antonieta —caprichosa adolescente austriaca— despilfarraba los fondos públicos.

En 1777, el emperador austriaco José II, hermano mayor de María Antonieta, le escribió: "Las cosas no pueden seguir como van; habrá una terrible revolución si no haces algo para prevenirla". No hizo nada. Pero le advirtieron. Y eso que José II ignoraba que su cuñado, el rey de Francia, usaba ridícula peluca encintada, babero bordado y sombrero con plumas.

Percibiendo que las cosas olían a revuelta, Luis XVI preguntó a Necker qué podía hacer para sosegar la situación. La recomendación que ofreció Necker —convocar los Estados Generales— equivalía a aconsejar un chorro de gasolina para apagar un incendio. Los Estados Generales eran una corporación formada por diputados de la nobleza, los eclesiásticos y el pueblo llano, y no la convocaban desde 1614; llevaba 175 años quietecita: por algo sería. Se fijó el mes de mayo de 1789 para la reunión, que empezó muy cordial y moderada, pero se enardeció cuando los populares exigieron que su voto —*quelle horreur, messieurs!*— tuviera el mismo valor que el de los aristócratas y los religiosos.

Tras algunas discrepancias y forcejeos, se formó la inevitable garrotera. El pueblo se declaró en Asamblea Nacional Permanente, el rey destituyó a Necker e intentó manipular la reunión, los ciudadanos de a pie protestaron, los soldados alemanes al servicio del rey y la reina atacaron a los revoltosos y el 14 de julio la multitud se tomó la prisión de la Bastilla y empezó a naufragar el Antiguo Régimen. Nueva bandera, nuevo himno, renuncia de la nobleza a sus privilegios, proclamación de los Derechos del Hombre

LUiS XVII

—más o menos el mismo estatuto que conocemos y violamos hoy—, ofensas al rey, insultos al clero, palo a los señores feudales, nueva constitución, quejas del Santo Padre, insultos callejeros a la santa madre del Santo Padre, elección de una Asamblea Legislativa, regreso de Necker, conspiración de los nobles refugiados en Austria, guerra de Austria con Francia, extensión de la violencia, intento de huida y apresamiento del empolvado rey y su fina esposa, supresión de la monarquía, proclamación de la República y decapitación de Luis XVI y María Antonieta.[1]

Él entregó su alma y su cabeza en enero de 1793 y ella, siete meses después.[2]

---

1 Si alguien se pregunta qué destino esperaba a la cabeza de los guillotinados —¿va en el mismo ataúd que el cuerpo?, ¿se le reserva catafalco propio?, ¿no recibe sepultura?— debe saber que los reyes fueron enterrados "con la cabeza entre las piernas".

2 Hablando de cabezas, se dice que la de María Antonieta

Tres décadas antes, el padre de Luis XVI, el frívolo y mujeriego Luis XV, había anunciado: "Después de mí, el diluvio". Era una frase extraña, y la gente no entendió si se trataba de una fanfarronería, un pronóstico meteorológico o el anuncio de que vendrían tiempos difíciles. Sus sucesores pudieron averiguar que sí, que estaba diluviando, pero llovía mucho más que sangre.

La Revolución francesa acababa apenas de comenzar y ya había ganado batallas contra algunos de sus vecinos europeos, había desterrado las pelucas, consagrado el gorro frigio en todas las cabezas que aún permanecían en sus sitios,[1] remplazado los pantalones de seda por calzones bastos y los botines por zapatos e instaurado el frenesí y la excitación permanente entre los ciudadanos. Pronto las cosas se salieron de control y a los gritos de "libertad, igualdad, fraternidad", algunas facciones revolucionarias extremistas, como los llamados *jacobinos*, repartían golpes fraterna y libremente a todos por igual. Fue lo que se conoció como el Régimen del Terror.

Durante ocho meses —de septiembre de 1793 a mayo de 1794—, no cesó de trabajar la fatal guillotina. El médico francés Joseph-Ignace Guillotin había inventado la cortadora de cabezas como remedio infalible para la cefalea, pero el aparato cayó en manos de los políticos y ya se sabe lo que

---

se cubrió completamente de canas en pocos meses al presentir su final, dudosa afirmación, según los especialistas. De cualquier modo, ella y su marido murieron con meritoria *dignité*.

1 El gorro frigio, una especie de boina de tela roja enrazada de moco de pavo, era muy usado por las clases populares en las noches invernales, de donde se cree que en realidad se trataba de un gorro *frígido*.

ocurre en estos casos: el que subía al poder activaba la cuchilla y rodaban testas todos los días. Los verdugos de hoy eran las víctimas de mañana. Sólo en París fueron ejecutadas 2 500 personas en este lapso, y cerca de 40 000 en Francia.[1]

Como la mayoría de los ejecutados eran *sans-culottes* —gentes del pueblo—, la sangría permitió que descendiera el analfabetismo. Sin embargo, Simón Rodríguez, el maestro del Libertador Simón Bolívar, fervoroso seguidor de la Ilustración, escribió que "el error fue no darse cuenta de que no era la guillotina lo que se necesitaba sino la escuela". Su comentario es válido para casi todos los procesos revolucionarios.

En cuanto al doctor Guillotin, murió cristianamente en su cama en 1814 víctima del ántrax, enfermedad propia de vacas, ovejas y cabras. Algunos lo califican de Benefactor de la Humanidad por haber hecho menos dolorosa la pena capital. Si no le dieron el Nobel de la Paz, como a Teddy Roosevelt, Henry Kissinger, Yaser Arafat y Menájem Beguín, fue porque el premio no existía entonces.

La Wikipedia revolucionaria

La pasarela de personajes que desfilaron durante estos agitados años es fascinante: Voltaire, el escritor que revolucionó las mentes; Jean-Jacques Rousseau, el suizo que habló de un

---

1 Entre las víctimas de la guillotina figuran el químico Lavoisier, el poeta Chenier, la ex monja María Margarita Hébert, su marido periodista, los políticos Danton y Robespierre, el orador Desmoulins, la revolucionaria Carlota Corday, la feminista Olympe de Gouges.

nuevo pacto social; Montesquieu, el barón que defendía la separación de los poderes y la de los negros;[1] Georges-Jacques Danton, diputado radical, gobernante y propietario de un café parisino al que solía ir Julio Cortázar; Maximiliano Robespierre, sanguinario líder político que profesaba republicano respeto por los opositores, pero sólo si estaban debidamente guillotinados; el conde de Mirabeau, orador, diplomático y pornógrafo; Joseph Fouché, sibilino, acomodaticio, sobreviviente de varios regímenes; el combativo periodista Jean-Paul Marat, apuñalado cuando tomaba en la tina su baño diario;[2] Napoleón Bonaparte, militar que surgió al calor de la Revolución y se convirtió en emperador, por lo que merece un espacio aparte en esta historia.

Entre las figuras cimeras de la efervescente época aparece también un grupo de caballeros (y una sola señora) que publicaron entre 1751 y 1772 cierta obra de conocimientos generales ornada con profusos grabados y reunida en 28 volúmenes. Se llamaba *Enciclopedia, o diccionario razonado de las ciencias, las artes y los oficios*. Pero en francés se la conoció simplemente como *L'Encyclopédie*.

Pronto circuló más allá de las fronteras y desde la salida del primer tomo (letra A), desató una encendida polémica.

---

1   Dijo Montesquieu sobre los negros: "Estos esclavos son negros de los pies a la cabeza, y tienen la nariz tan aplastada que es casi imposible compadecerlos. No se concibe que Dios, un ser tan sapientísimo, haya puesto alma en un cuerpo tan negro. Un alma buena es aún más inconcebible en un cuerpo semejante". ¡Cómo me habría gustado que, al morir, Montesquieu hubiera descubierto que Dios es negro! Se le habría aplastado la nariz del puro susto…

2   Esta trágica circunstancia explica el pavor que aún tienen miles de franceses al baño diario.

Los británicos afirmaban que la palabra clave debía escribirse *encyclopædia*, es decir, con el empleo del dígrafo ae (æ)
y no con la mera letra e, por más tildes que le col-
garan. Los franceses, a su turno,
alegaban que la raíz griega del
término, *paideia* ("educación
general"), permitía prescindir
del dígrafo. La controversia
llegó a Atenas, y los griegos
opinaron que no sólo era canó-
nico usar el dígrafo, sino que
correspondía escribir *enkyklio*,
con dos kaes. Presintiendo que
resultaba imposible vender una
obra cuyo título contenía el vocablo

**Jean le Rond
D'Alembert**

enkykliospaideia, franceses e ingleses
acudieron a la respetada Real Academia Española, que se
aprestaba a celebrar su cuadragésimo cumpleaños.

Ésta respondió así a través de su director, don José de
Carvajal y Lancaster: "¿De qué dígrafo habláis? ¿A qué
enkyklios os referís? El voquible que vosotros mencionáis se
escribe *enciclopedia*, punto. No jodáis máis".

Lo interesante es que, por debatir la ortografía de la
palabra, los franceses tardaron en darse cuenta del contenido explosivo de la obra. Alentaba en ella el espíritu crítico
propio de la Ilustración; todos sus textos y definiciones eran
iconoclastas, libertarios, revolucionarios, racionalistas, incluso subversivos. El truco consistía en propagar por sus páginas
las ideas de fermento social, y concatenarlas de modo que
estallaran cuando menos lo esperaba el lector. Por ejemplo:
la tierna definición de *nido* lo describía como "Tibio hogar

de los futuros pajaritos (ver *huevos*)". Y en el apartado correspondiente a *huevos* proclamaba: "Lo que les cortaremos a los ricos y a los partidarios del rey".

La obra fue censurada, naturalmente, y la censura produjo mayores polémicas y más acalorados debates públicos. De este modo contribuyeron a agitar las nuevas ideas los responsables de *L'Encyclopédie*, señores Denis Diderot y Jean Le Rond d'Alembert, a quienes respaldaba un equipo de 130 colaboradores. Entre ellos se hallaban numerosos sabios, filósofos y agitadores: Montesquieu escribía sobre teoría del Estado; Rousseau, sobre música;[1] Voltaire, sobre diversos temas; el abad De Prades, sobre religión (negaba la divinidad de Cristo, para que se lleven ustedes una pista); Daubenton, sobre ciencias naturales; Helvetius, sobre ideas políticas y la célebre Minette, esposa de Helvetius, sobre temas que es mejor no averiguar.

L'Encyclopédie produjo tal impacto que surgió en torno suyo el Partido Enciclopedista. Su influencia se prolonga hasta nuestros días en otras colecciones parecidas. En la entrada sobre la palabra de marras, la más reciente edición de la *Enciclopedia Británica* dice (en inglés): "*Encyclopaedia* también puede escribirse *encyclopedia*...". En suma, les daba ya igual.

Diderot y compañía, que ayudaron a demoler el Antiguo Régimen en menos de cuatro décadas, tardaron más de dos siglos en derribar el pedante dígrafo. Pero al final lo lograron.

---

1 Pese a ser un ilustre educador, el suizo Rousseau (1712-1778) convivió con una modesta modista francesa que le dio cinco hijos. Fue autor de *ballets*, óperas y tratados sociales sobre las artes, pero, por seguir la política, abandonó primero la música, luego a la modista y por último a sus cinco hijos.

¿Qué quedó de tanta revolución?

La Revolución francesa se modera en 1795, cuando la gobierna el Directorio, efímero quinteto que sucumbe víctima de su propia desmoralización. En realidad, lo que pone fin a la Revolución es la manía de bautizar los meses del año con nombres raros que nadie logró aprender de memoria. Denomina Brumario a una parte de octubre; Frimario, a los finales de noviembre; Thermidor, a ciertas semanas de julio; Vendimiario, a algunas semanas de septiembre; Romario, a un futbolista brasileño.

Pese a sus excesos y sus fallas, las Revolución francesa constituye un hito histórico que lanza al pueblo al primer plano y destaca los derechos y libertades que lo cobijan. Es el primer triunfo verdadero de los descamisados sobre sus opresores. Sus efectos fueron inmediatos en las colonias de Francia, España e Inglaterra.

En cuanto a otras latitudes, cuando le preguntaron dos siglos después de la toma de la Bastilla al líder chino Zhou Enlai acerca de las consecuencias históricas de la Revolución, respondió:

—Es muy pronto para saberlo.

El hombre que se creía Napoleón

Ha llegado el momento de retomar la biografía de Napoleón Bonaparte, fracasado cadete que participó en el epílogo de la Revolución francesa, triunfó en el campo de batalla, se hizo coronar emperador, conquistó buena parte de Europa y dio origen a una leyenda mucho mayor que su personalidad o sus méritos.

Napoleón

Bonaparte nació en 1769 en la isla de Córcega, que se estrenaba como territorio francés después de haber pertenecido históricamente a Italia. Desde los 10 años fue alumno de escuelas militares y soldado de cuarteles. Pero mal alumno y mal soldado. Incumplido, desobediente y de físico menguado para el combate, varias veces estuvo a punto de que lo echaran del ejército. La suerte y el oportunismo se aliaron, sin embargo, para ayudarle. Cuando triunfó la revuelta popular del 14 de julio de 1789, el entonces brigadier Napoleón formó parte de los piquetes enviados a controlar brotes antirrevolucionarios en Toulouse. Su papel como artillero resultó clave y le ganó nuevos destinos. Algunos fueron militares y otros políticos, pues se hizo amigo del hermano de Robespierre cuando éste era cabeza de los descabezadores.

Descabezado a su vez Robespierre, Napoléon se pasó velozmente al bando contrario y el Directorio lo envió como comandante de las tropas en Italia. Ya era general.

Allí conoció a Marie-Josèphe-Rose Tascher de La Pagerie, alias Josefina, nacida en el Caribe francés, mayor que él seis años, casquivana y viuda de un vizconde ajusticiado por la gran cuchilla. De ella se enamoró el general perdidamente y para siempre. Era un amor bastante curioso, según consta en más de 300 cartas que quedaron para la posteridad, pues en ellas Napoleón alude lo mismo a las íntimas fragancias naturales de su musa que la insulta sin piedad: "No la amo a usted; al contrario, la odio; es usted una persona sin importancia y desgarbada, una Cenicienta idiota".[1]

En cierta ocasión, durante la campaña de Italia, le hizo llegar una carta en la que le enviaba "un beso en su corazón y otro un poco más abajo, mucho más abajo". A la sazón Napoleón se hallaba en Milán, de donde se deduce que aquel "mucho más abajo" se refiere a Sicilia, o por lo menos a Calabria.

Mientras su marido libraba batallas en el exterior por Francia, Josefina libraba batallas de amor en su lecho con varios amantes. Al enterarse de la infidelidad de su mujer, Napoleón la echó a la calle, pero luego le pidió perdón y desde entonces vivieron felices y comieron perdices. Sobre todo él, pues cada vez aparecía más rollizo y más afectado por la dispepsia. Esta circunstancia explica su extraña tendencia a aplicar sobre el atormentado esófago una mano que escondía bajo la casaca.

Con el tiempo y las armas, en el otrora indisciplinado brigadier se forjó un genio militar que derrotó más de una vez a los ingleses, los austriacos y los españoles. Algunas victorias fueron efímeras, como ocurrió en Egipto, donde pronunció un famoso discurso ante su tropa. Dijo allí: "Desde lo alto de estas pirámides, cuarenta siglos os contemplan". A renglón

---

1 Abundan los ejemplos embarazosos y sonrojantes en la correspondencia de la pareja. Sirvan de lección para aquellos que consignan en ardorosas palabras sus sentimientos y emociones más personales, ora en cartas con olor a rosa, ora en correos de internet. Como dijo el sabio: "Señores, nada de eso por escrito…".

seguido, lo que contemplaron sus soldados fue la huida de Napoleón a casa, pues el enemigo acosaba. También sufrió derrotas. En Trafalgar, los ingleses le demostraron que era mejor no desafiarlos en aguas marinas. En Rusia recibió en 1812 feroz paliza que le asestaron el frío, la nieve y los campesinos. De sus 600 000 militares sólo regresaron 24 000, pero, eso sí, en formación perfecta. Él señaló que no lo había vencido el general Mijaíl Kutúzov, comandante rival, sino el General Invierno.[1]

Hay que reconocer que se restablecía con facilidad. Tras abdicar por primera vez en 1814 fue desterrado a la isla de Elba, de donde regresó triunfante a París un año después.

Con la tendencia de los franceses a la *grandeur*, el antiguo militar revolucionario acumuló poder y fama, se hizo coronar emperador y nombró reyes a sus parientes más cercanos: su hijo, de Roma; y sus hermanos, de España, Holanda y West-falia. Para entonces, presidía lo que un historiador denominó "tiranía mesiánica grotesca y aterradora". Otro historiador señaló que "terminadas las guerras napoleónicas, los campos de Europa estaban llenos de esqueletos sin nombre". Bolívar escribió que Napoleón "ha segado la flor de la juventud europea en los campos de batalla para llenar sus ambiciones". Y Beethoven, poniendo oídos sordos a los admiradores del emperador, renegó de haberle dedicado su *Tercera sinfonía*. Indignado, compuso otra, la *Novena*, y se la regaló a Miguel Ríos para que la cantara.

Pero a todo tirano le espera su waterloo, y el waterloo de Napoleón fue la batalla de Waterloo, el 18 de junio de 1815. En un pequeño campo cercano a Bruselas, británicos,

---

1   ¡Ja!

holandeses y alemanes aprovecharon varios errores suyos, y a fuerza de bayoneta y cañonazos acabaron con la tropa francesa, con Napoléon, con el I Imperio y con muchas más cosas, y nacieron otras. "En Waterloo termina la Revolución francesa y empieza el siglo XIX", sostiene Patrice Gueniffey, biógrafo de Napoléon. "Waterloo decidió el destino de Europa y, en gran medida, el del mundo", señala el historiador español Ángel Viñas.

Lo indudable es que es la debacle de la cual Bonaparte no pudo recuperarse. Seis años más tarde, moría desterrado en la isla de Santa Helena. Pero la imagen de héroe romántico, símbolo de la grandeza gala y campeón del pueblo sigue acompañando al difunto, como lo atestiguan cientos de turistas que acuden diariamente a ver su suntuosa tumba en París y a comer luego *crêpes* en la esquina.

matador

El más simpático
de los Marx

Se encontraban aún frescas las huellas de las revoluciones de Estados Unidos y Francia cuando nació en Trier, Alemania, uno de los hombres que más trastornos ha provocado en la historia de este puto mundo. El 5 de mayo de 1818 vio la luz en el seno de la burguesa familia Marx un bebé robusto y de negra barba que se llamó Karl, nombre que en el mundo comunista significa Carlos. Desde la cuna fumaba tabaco apestoso y tenía el pelo rizado. Pese a su claro origen judío, fue bautizado por el rito luterano en una iglesia jesuita.

Esta triple paradoja alimentó en él una comprensible perplejidad que más tarde transformó en la doctrina del "materialismo histórico-dialéctico". En resumen, dice ella que toda tesis (un hecho, una idea, una interpretación) genera una antítesis (Ley de la Contradicción), y que esta antítesis genera, a su turno, su propia contradicción (Ley de la Contradicción de la Contradicción); de allí brota una síntesis que se repite *ad náuseam* (Ley de la Progresión en Espiral).

El repetitivo movimiento sólo se detiene cuando el proceso desemboca en una sociedad comunista, lo que, según historiadores reacciona-rios, justifica aquello de *hasta la náusea.*

Carlos estudió Derecho y Filosofía, pero la única profe-sión que ejerció regularmente hasta su muerte fue la de periodis-ta, una de las más diverti-das maneras de ser pobre. Sus artículos sacudieron a varios gobiernos, razón por la cual lo expulsaron de no pocos países y ciudades y Alemania le quitó la tarjeta de ciudadano, hasta que fue a parar a Londres. Allí se paró del todo: desde 1883 yace sepultado en el cementerio de Highgate, pero sin papeles, porque también Inglaterra le negó la ciudadanía.

No obstante que muchos marxistas y comunistas que se nutren de sus escritos conforman uno de los grupos más aburridos, solemnes y trascendentales que uno pueda topar en el planeta, Marx era un tipo divertido y simpático, vir-tudes que tienen mayor mérito si se considera que padeció múltiples e incómodas enfermedades, entre ellas gastritis crónica, forúnculos, almorranas, catarros, insomnio, dolo-res de muela e inflamación del hígado. Al final, como buen fumador, se lo llevó un cáncer pulmonar. No obstante sus males, fue asiduo lector de la Biblioteca Británica, donde aún está tibia la silla que ocupaba. En cuanto a su modo de ser, dice el biógrafo Saul K. Padover que "adoraba el humor, no sólo por el humor en sí, sino como munición contra sus enemigos".

Esta circunstancia ha conducido a algunos estudiosos a sostener que Carlos era uno de los famosos hermanos Marx y que se apartó del grupo luego de una pelea con Groucho por un paraguas amarillo. No hay manera de saber la verdad, pues el único testigo presencial, Harpo, no ha dicho ni una palabra al respecto.

El barbudo personaje escribió más de cien obras donde expone sus tesis filosóficas, sociales y económicas. Se considera que *El capital*, tratado clásico de economía marxista, es un libro clave de los últimos dos siglos, si bien pocos de los que lo citan lo han leído y sólo una mínima proporción de los que lo han leído lo entendieron.[1] Algunos de los títulos llevan también la firma de Federico Engels, sabio coequipero y fiel amigo, que no sólo le ayudaba a sortear las crisis económicas cancelando sus deudas, sino las familiares, pues aceptó criar un retoño que tuvo Marx con la niñera de su casa y juró a la esposa de éste, la distinguidísima Jenny de Westfalia, que el hijo era suyo, no de Carlos.

Las ideas del "socialismo científico" de Marx fueron chispas que se extendieron velozmente por el polvorín de

---

1 Para que se lleven una idea del denso magma que contiene *El capital*, copio enseguida uno de sus más transparentes párrafos: "La combinación de un exceso de exceso de capital y un exceso de población hará aumentar la masa de plusvalía producida, pero intensificará a su vez la contradicción entre las condiciones de la plusvalía y la de sus realizaciones".

una Europa en estado de ebullición contra las monarquías, las aristocracias, las oligarquías, la nobleza, el clero y, en general, los ricos y los poderosos. El *Manifiesto comunista* de Carlos y Federico, publicado en 1848,[1] contribuyó a convertir los planteamientos de Marx en una de las más importantes multinacionales ideológicas de la historia.

Como muchos pensadores, Karl era un eximio divulgador de teorías pero un pésimo político. La prueba es que estaba convencido de que el proletariado explotado por los capitalistas de Inglaterra, Francia y Alemania sería motor de la revolución comunista, y en ningún caso un país habitado por campesinos serviles, como Rusia. Consideraba la tierra de los cosacos un mundo medieval totalmente ajeno al suyo, hasta el punto de que él, que defendía la sagrada igualdad de los seres humanos, en 1868 escribió: "Nunca confío en un ruso". Qué contradicción.

Y, sin embargo, fue Rusia el país que primero montó una revolución comunista basada en las propuestas de Marx. Qué contradicción de la contradicción.

Pero esto sucedió cuando el barbudo llevaba 34 años muerto y los "desconfiables rusos" tumbaron a sangre y fuego y para siempre el régimen del zar.

---

1 En ese mismo año se produjo en Francia otra revuelta que derrocó al rey Luis Felipe, difundió las ideas socialistas y proclamó la Segunda República Francesa. Pero no digo más porque ya son demasiadas revoluciones en un solo capítulo, y los lectores deben de estar aburridos.

Los bolcheviques toman el poder

Desde Iván el Terrible, coronado en 1547, el zar ruso era el equivalente del rey. También la historia de Iván es terrible, pues fue esforzado conquistador pero terminó loco, convencido de que los boyardos (nobles rusos) querían matarlo, en lo cual no le faltaba algo de razón, como sucede con todos los paranoicos. Al final heredó el trono su hijo Boris Godunov, y a éste siguió un rosario de falsos hijos y nietos llamados todos Dmitri.[1] En medio de los conflictos entre boyardos, terratenientes, siervos de la gleba, militares cejijuntos y reiteradas invasiones a Polonia transcurre siglo y medio y alcanza el poder Pedro el Grande en 1689. Miembro de la dinastía de los Romanov, Pedro fue tenaz guerrero, lo cual no quiere decir que siempre venciera, sino que siempre peleaba. Su meta era que Rusia tuviera salida al mar Negro, el Mediterráneo, el Báltico, el mar Rojo, el mar Muerto y, de ser posible, el Pacífico, el Atlántico y el Caribe.[2] Algo consiguió y por ello fue distinguido con los títulos de Padre de la Patria, Emperador de Todas las Rusias y Almirante de Unos Cuantos Mares.

Tras una sucesión de hijitos del zar o *zareviches,* tan excéntricos y enfermizos que los llamaban "los zarebichos",

---

1 El problema con la historia rusa es que uno no sabe si se trata de un zar, un *ballet,* una ópera, un personaje de novela o todo lo anterior junto. ¿Cuándo reinó Fiódor Karamazov? ¿Cuál es la principal bailarina del *ballet Iván Denísovich?* ¿Qué ópera compuso Rodión Raskólnikov? ¿Quién escribió *Los últimos días de Vladimir Putin?*

2 En el siglo XX logró esto último gracias a Cuba.

llegó por fin una alemana a poner orden en 1762. Era Catalina la Grande, que se deshizo del idiota de su marido —Pedro III—, se declaró emperatriz y durante 34 años optó por perseguir a los turcos, los diplomáticos y los cosacos más apuestos de la corte. Los perseguía, conviene aclararlo, no con torcidas intenciones políticas sino con sanos propósitos eróticos.[1]

Sucedieron a Catalina varios Nicolases y Alejandros que nunca se decidieron a dar un vuelco al anacrónico régimen medieval prevalente en el país, hasta que en 1905 los partidarios de derechos liberales y reformas sociales propiciaron una revolución que fracasó pero encendió las alarmas y dejó en el camino varios magnicidios y la institución de la Duma, relativamente democrática.

En estas turbulencias aparece por primera vez el nombre de Vladimir Illich Ulianov, alias Lenin, miembro del ala bolchevique (mayoritaria, para los que no saben ruso) del Partido Social Demócrata. Volveremos a encontrarlo un poco más adelante.

Mientras tanto, surge una desastrosa guerra contra el Japón y se acrecientan los problemas de la IV Duma, de cuyos detalles y personajes no necesito ocuparme porque son de todos conocidos. Baste con decir que Stolypin es asesinado, que Goremykin hereda a Kokovtsev, que hay sospechas sobre Stürmer, que renuncia Sazonov en julio, que sube Trepov en noviembre, que Pokrovsky pide al zar Nicolás II que actúe pero el que actúa es el monje Rasputín y actúa,

---

1   Se dice que entre sus amantes figura Francisco Miranda, prócer de la libertad suramericana, y que la bandera trinacional —diseñada por él— se inspira en el amarillo de la melena, el azul de los ojos y el rojo de los labios de Catalina. En ese orden, claro.

miren ustedes, sobre Alejandra Romanova, la atractiva mujer alemana del zar.

Este Grigori Yefímovich Rasputín era un espigado santón ruso con barba de apóstol, túnica de *hippie*, supuestos poderes mentales y reales poderes sexuales que ejerció enorme influencia en la corte merced a que se le atribuye haber salvado la vida al hijo único de Nicolás y Alejandra. Era curandero, sanador, agorero, hipnotista y astrólogo; es decir, habría triunfado ampliamente en los actuales programas de televisión de la alta noche. En 1916, un grupo de aristócratas decidió darle muerte para conjurar su influencia en los zares. El relato de los intentos por acabar con él es digno de las aventuras de trampa y supervivencia del Correcaminos y el Coyote. Primero quisieron envenenarlo con deliciosos pastelillos de cianuro; después le pegaron un tiro; luego procuraron rematarlo asestándole golpes en la sien y, viendo que aún vivía, lo lanzaron al río Neva, que en diciembre es una masa de agua y hielo.

Hay quien afirma que el monje logró salir del río, permaneció ocho décadas escondido en una cueva de Siberia y hace pocos años el gobierno moscovita, al considerarlo un emblema nacionalista, lo premió con la propiedad de una empresa petrolera rusa y él compró un equipo de futbol en Inglaterra.[1]

Un año y medio después, el zar, su mujer y sus cinco hijos corrieron la misma suerte en manos de los bolcheviques. Nicolás II había abdicado en marzo de 1917 y se hallaba en el poder una revolución marxista cuya cabeza era el camarada Lenin. Al cabo de un prolongado exilio europeo, Lenin se presentó en Petrogrado dispuesto a cambiar su

---

1 La versión es dudosa. Dada su estatura, Rasputín habría adquirido más bien un equipo de baloncesto.

historia personal y la del mundo. Y lo consiguió a través de la Revolución de Octubre, así llamada aunque ocurrió en noviembre: hasta en eso fue revolucionaria. En julio de 1918, después de varios meses presos por el nuevo régimen, fueron ejecutados a tiros y bayonetazos el zar, su mujer, sus cuatro hijos, varios sirvientes y hasta el perro de la familia.

Rusia había muerto.[1] Empezaba a vivir la Unión de Repúblicas Socialistas Soviéticas (URSS).

Lenin y sus camaradas

La URSS encarnó la ilusión de millones de proletarios que aspiraban a mejores condiciones laborales y una existencia más digna. Casi dos siglos de capitalismo desenfrenado habían agitado en los trabajadores la esperanza de una sociedad donde el sudor tuviera más importancia que la plata. Fue como un estallido, que superó en extensión a las revoluciones acontecidas en Estados Unidos y Francia.

Dice el impronunciable historiador egipcio-austro-anglo-germano Eric Hobsbawm que "la Revolución de Octubre fue el más formidable movimiento revolucionario de la historia moderna; su expansión global no tiene paralelo desde las conquistas del islam en su primer siglo de existencia". Y agrega: "Apenas treinta años después de que Lenin desembarcó en Petrogrado, un tercio de la humanidad ya vivía bajo regímenes derivados de este movimiento".[2]

---

[1] Bueno: eso parecía.

[2] Intenté que Hobsbawm me explicara sus cuentas, pero fue imposible. Murió en 2012.

Lenin, con su barbita mefistofélica, su calva de contador y su chaleco de ocho botones, fue la primera imagen de la revolución. Sus tácticas políticas violentas, aplicadas a las enseñanzas de Marx, modelaron el primer país comunista moderno, con economía planificada, partido único, censura de prensa y destrucción de la propiedad privada. A estas características básicas se agregaron, con el tiempo, las purgas políticas despiadadas y el *gulag* para encerrar disidentes ideológicos.

El primer purgado fue el camarada León Trotsky, viejo compañero de Lenin y primer presidente de la URSS, que tuvo que huir a México, y allí protagonizó una película con Salma Hayek. Lo asesinó con una pica para escalar montañas un comunista español que tenía seis nombres. Pero es posible que Lenin hubiera sido el primer purgado, sin que él mismo se diera cuenta, pues Trotsky acusó a José Stalin de haber envenenado a Lenin con dosis calculadas de arsénico. De cualquier manera, Lenin sobrevivió en 1918 a tres disparos de una activista y luego a cuatro infartos. El último atentado se lo propinó la sífilis, causa oculta de sus males, que en 1924 lo trasladó directamente a un mausoleo en la Plaza Roja de Moscú, donde, momificado, continúa atendiendo sus deberes los días martes, miércoles, jueves y sábados de las 10:00 a.m. a la 1:00 p.m.[1]

---

1 Otro líder que duerme eternamente en lujoso mausoleo es Ho Chi Minh ("el Iluminado"), nombre de combate del gran líder Nguyen Sinh Cung (1890-1969), quien durante más de

Antes de morir, Vladimir Illich expresó a sus camaradas más cercanos que desconfiaba de Stalin y aconsejaba purgarlo.

¿Quién era Stalin, a quien hemos mencionado ya dos veces? Hijo de una lavandera y un padre maltratador, José Vissarionovich Stalin (1878-1953) fue seminarista y miembro de un coro religioso antes de dedicarse a la agitación política. Trepando, trepando, llegó a ser secretario del Comité Central del Partido Comunista Ruso, el cargo más parecido al del antiguo zar. Allí logró esquivar varias purgas, entre ellas la que le tendió Lenin desde su lecho de muerte. Una vez fallecido Lenin y deportado Trotsky, se convirtió en uno de los hombres más poderosos del planeta. Atravesó dos guerras mundiales y reiterados fracasos de sus planes económicos, pero tuvo gran éxito como purgador o purgante. Según algunas fuentes, encarceló a 5 millones de personas, ejecutó a un millón y otros 2 millones perecieron condenadas a trabajos forzados.

Entre las víctimas se hallaban muchos de sus camaradas en la cúpula del partido. Al morir, era dictador supremo y semi-

---

medio siglo luchó por la liberación de Vietnam contra japoneses, franceses y gringos y a todos los derrotó. Al fallecer de tuberculosis, seis años antes de que se marcharan vencidas las tropas de Estados Unidos, su cuerpo quedó expuesto en una urna transparente en la capital, Hanoi. En 2009, se sometió al fiambre a mantenimiento científico. Durante unos meses, sobre la puerta principal del panteón se leyó el siguiente aviso: "Cerrado por renovación" (juro que es verdad). Hasta después de muerto, el viejo Ho Chi seguía siendo revolucionario... Aquello de momificar líderes no es una manía bastante común pero sí bastante comunista. Desde 1994, el cadáver del sátrapa de Corea del Norte, Kim Il Sung, se renueva en su sepulcro de cristal, mientras su hijo, el satrapita, engorda y envejece en vivo.

diós[1]. Bajo su mano de hierro, la URSS había adquirido perfiles de potencia global, con países satélites y un vasto ejército.

Esperaba turno para sucederlo un grupito de arcángeles entre los que se destacaban Vyacheslav Molotov, inventor de un famoso coctel, y Nikita Kruschev. Ganó éste. Siguiendo la tradición, lo primero que hizo Kruschev fue purgar a los estalinistas. Encabezó la lista Lavrenti Beria, tenebroso jefe de la policía secreta, ejecutado junto con seis compañeros. Kruschev era hijo de unos campesinos pobres; fue obrero metalúrgico y comisario político antes de acogerse a la protección del jefe comunista ucraniano Lázaro Kaganóvich.[2] Desde entonces ascendió como un cohete y presidió una época de progreso económico, musculación militar, avances científicos e incluso varias amnistías que sacaron del gulag a más de 3 millones de ciudadanos. Kruschev demostró la calidad de los zapatos rusos al azotar de manera reiterada su curul de delegado en la Asamblea General de las Naciones Unidas en 1960. Fue remplazado en 1964 por unos jefes grises y de cejas pobladas hasta que en diciembre de 1991 el último presidente de la Unión, Mijaíl Gorbachov, disolvió oficialmente la URSS (más sobre estos temas en otro capítulo).

De esta manera se liquidó el experimento comunista en tierras del antiguo zar. No alcanzó a completar ni tres cuartos de siglo. Al final, tenía razón Marx: no se puede confiar en los rusos.

---

1   Muchos lo nombraban "vozhd" (líder); otros lo nombraban "otets" (padre) y buena parte, atenazados por el pánico, ni siquiera lo nombraban.

2   No sería nada extraño que este Kaganóvich fuera el gran responsable de las purgas en la URSS.

matador

Latinoamérica: ¿independencia o in-the-pendencia?

Napoleón Bonaparte tuvo mucho que ver con el múltiple grito de independencia que se oyó a comienzos del siglo XIX por todo el territorio latinoamericano. Como se diría en términos oratorios de aquellos tiempos, sus abusos con España fueron la gota de ignominia que desbordó el vaso de impaciencia colonial.

Veremos cómo ocurrió aquello. Pero antes, algunas preguntas y respuestas.

¿Por qué diablos América Latina no es una nación sino un mosaico de más de veinte países separados por todo lo que los une: la historia, la cultura, la lengua, los problemas comunes?

Esa misma inquietud se la planteó hace dos siglos Simón Bolívar y se esforzó por convertir buena parte del continente en una sola nación, de Estados Unidos hacia abajo. Su faro y compatriota, con quien luego tuvo dificultades, había sido Francisco Miranda (1750-1816), uno de los personajes más curiosos y extraordinarios del siglo XIX en Sudamérica. Para empezar, ostenta un récord histórico, pues participó en tres grandes revoluciones: la de Estados Unidos, la sudamericana y la francesa, donde llegó a ser mariscal. De allí que sea el suyo el único nombre de un latinoamericano que figura en el Arco del Triunfo de París. Viajó por Europa, América, África y Asia, y trató a persona-

Miranda

jes como Napoleón, José de San Martín, el músico Joseph Haydn, el presidente gringo Jefferson, Federico II de Prusia y Catalina la Grande, de la cual ya dijimos que fue amante. Como Miranda recibió condena en España por tenencia de pinturas obscenas, es fácil suponer que a lo mejor le recordaban a la fogosa Catalina. Pero pudo tratarse de Susan Livingston, hija del canciller de Estados Unidos, que también aparece en la lista de sus posibles amadas. De él dice uno de sus biógrafos: "Miranda fracasó virtualmente en todos los campos de su actividad" pero "fue un amante insigne". Pensándolo bien, no es una mala manera de fracasar.

Además de portentoso compañero de cama, don Francisco fue —con menor éxito— guerrero, estadista, escritor y diplomático. También abanderado: la enseña tricolor que izó en 1806 su buque al desembarcar la expedición libertadora en playas venezolanas es la de Venezuela, Colombia y Ecuador. Murió en una celda en España y sobre él escribió el Libertador: "Es el colombiano más ilustre y el venezolano más universal".

El frustrado sueño latinoamericano de Bolívar ha sido el pecado capital que carga sobre los hombros esta zona del planeta. Todas las organizaciones regionales, desde la OEA hasta Unasur, son emplastos que buscan sustituir lo que no se hizo a tiempo. Bolívar, nacido en el seno de una distinguida familia caraqueña en 1873, lo intentó y no pudo. Libertó cinco países;[1] recorrió a caballo media Sudamérica;[2] ayudó a fundar países; propuso constituciones; borró fronteras; al frente de un ejército de campesinos descalzos y mal armados venció a los disciplinados soldados españoles; fue el más venerado líder popular de su tiempo y, sin embargo, falleció vejado y afligido en Santa Marta a los 47 años. Murió convencido de que su vida y sus sacrificios habían sido en vano. Que había "arado en el mar y edificado en el viento".

La respuesta a la fracasada utopía bolivariana provino desde Washington. El presidente James Monroe lanzó en 1823 la doctrina que lleva su apellido y que se sintetiza en un eslogan: "América para los americanos". La frase es un acertijo al que faltaban algunas palabras, según lo fue revelando la Historia. En el curso de los siguientes dos siglos, Estados Unidos se apoderó de jugosas tajadas del mapa de México y de Colombia, desembarcó *marines* en el vecindario, impuso y quitó presidentes, ayudó a derrocar la democracia en Chile, bloqueó a Cuba, apoyó dictaduras, espió e intervino

---

1 Venezuela, Colombia, Ecuador, Perú y Bolivia. Serían seis si se incluye a Panamá, que era entonces parte de Colombia

2 Sus soldados lo apodaban "Culo de hierro".

descaradamente en los asuntos internos de la región, financió grupos paramilitares y se alió con las más recalcitrantes oligarquías nacionales. Fue entonces cuando se supo que la doctrina Monroe, completa, decía: "América (Latina) para los americanos (del Norte)".

Bolívar tuvo ocasión de denunciarlo así en su momento, al ver que aquel esperanzador ejemplo que había dado la Constitución de Filadelfia, y que él conoció de cerca, se estaba convirtiendo en nido de un ave rapaz.

Tiempo le quedó al Libertador, no obstante su agotadora actividad, para visitar otros países, aprender otras lenguas, enamorar,[1] leer, escribir miles de cartas, bailar, jugar al tenis,[2] dormir en hamaca y salvar la vida, gracias a que cambió de hamaca, en un atentado cuchillero en Jamaica. Él es el único latinoamericano que figura en el conocido libro de Michael H. Hart donde se recogen los cien personajes más influyentes de la Historia.

Pese a toda su grandeza como guerrero y su generosidad como soñador, Bolívar fue un despistado estadista e ideólogo, como se verá en las siguientes páginas.

---

1 Aparte de su esposa, muerta prematuramente, y de Manuelita Sáenz, la bella ecuatoriana cuya personalidad era tan peculiar como su ortografía, se le atribuyen y siguen atribuyendo enamoradas y novias. No bajan de doce. Las últimas son Jennifer López, Shakira y Michelle Bachelet.

2 Juro que es verdad. Varios historiadores narran que Bolívar sostuvo un duelo de raqueta y bola en Aranjuez con un jovencísimo Fernando VII. En esta ocasión también ganó Bolívar.

El peligro de los himnos

No hay peor profesor de historia que un himno nacional. En él todo es heroísmo, gesta, valor, gloria, martirio… Los buenos son los nuestros, los malos son los demás. Flotan los laureles sobre las cabezas de los próceres, refulgen las espadas, se elevan las frentes al escuchar la palabra libertad, se vierte sangre carmesí en el ara de la patria (perdón: la Patria) e incluso se evoca una mitología que el pueblo desconoce: los cíclopes, la batalla de las Termópilas, los campos de Marte, el Olimpo, Febo, Rómulo y Remo, el impávido coloso, el hado propicio, etcétera. No se trata de que los himnos nacionales sean autocríticos, que contengan fe de erratas ni que otorguen derecho de réplica a quienes los cantan. Pero la de América Latina es una historia plena de júbilo inmortal en los himnos y otra muy distinta en la realidad.

Sin desconocer el mérito de los precursores populares (los comuneros colombianos, el indio Canek en México, Tupac Amaru en el Perú), la historia latinoamericana revela que el grito de independencia —berrido común a casi todos los países en los tres primeros lustros del siglo xix— no fue una rebelión contra la Corona española, sino a favor de ella, pues había sido asaltada por Napoleón para poner allí a su hermano José. Por eso varias actas de independencia exigían el regreso a Madrid de la monarquía borbónica, depositada en Fernando VII, sujeto mal encarado, cruel, bastante burro y gordinflón a quien en España llamaron "el Deseado" y en América, "el Indeseable".

En 1813, el pueblo español echó a patadas a Pepe Bonaparte y regresó Fernando. ¿Y qué fue lo primero que él hizo? Mandar tropas españolas contra los americanos que se habían sublevado a favor suyo. ¿Y qué logró con ello? Dicen los himnos nacionales que la Independencia americana. Lo que varía es la manera de entender y escribir la palabra, pues podría ser también la *In-the-pendencia*, ya que esta América se crio pendenciera y violenta, en medio de conflictos internos, guerras y dictaduras. Otra posibilidad es la de haber obtenido la *In-dependencia*, ya que nos liberamos de la tutela de España pero hemos sido dependientes de otros imperios, en particular los Estados Unidos. Una última interpretación, la de Mafalda, habla de una América Latina *in-the-pendiente;* es decir, siempre a punto de rodar pendiente abajo.

Que desfilen los próceres

Lo innegable es que la actitud de Fernando VII produjo una catarsis que permitió a las antiguas colonias combatir y derrotar a los ejércitos españoles. Aparecieron entonces los principales personajes de los himnos: Simón Bolívar en el norte de Sudamérica; Francisco Miranda y José Antonio Páez en Venezuela; Antonio Nariño y Francisco de Paula Santander en Colombia; José de San Martín y Manuel Belgrano en Argentina; José Gervasio Artigas en Uruguay; Bernardo O'Higgins y Diego Portales en Chile; el cura Miguel Hidalgo y el indígena zapoteca Benito Juárez en México; en el Perú, el venezolano Antonio José de Sucre, que confirmó la Independencia nacional y de buena parte del continente en la batalla de Ayacucho en 1824; en el Brasil, Pedro I de Brasil, que se derrocó a sí mismo en su condición de Pedro IV de

Bolívar

Portugal[1]; y el primero de todos, aunque en esta lista aparezca último, el haitiano François Dominique Toussaint Louverture, cochero de profesión, nieto del rey africano Gao-Guinú e hijo de un yerbero apresado y vendido como esclavo en la colonia francesa del Caribe. Louverture redactó en 1801 la primera Constitución escrita en América Latina. Contenía muchos de los principios consagrados por la Revolución francesa y la Constitución de Estados Unidos. Aprovechando que en 1794 la Asamblea Nacional había abolido en París la esclavitud, Louverture se tomó la libertad de enviar a Napoleón la nueva Carta haitiana, que ratificaba al habilidoso morocho como presidente vitalicio. Bonaparte montó en cólera ante semejante atrevimiento y le pidió que retirara la Constitución y renunciara a su cargo. Louverture lo mandó al demonio y le dijo que su poder era tan legítimo como el del emperador francés, ante lo cual éste decidió que se habían excedido en generosidad con los negros y decretó que la libertad de los esclavos no era válida para las colonias.

---

1 La historia es fascinante, porque don Pedro reinó en Portugal desde Brasil, toda vez que su familia huyó a la vasta colonia cuando Napoleón tomó la península ibérica. Desde allí proclamó la independencia brasileña, pero su familia siguió rigiendo la casa matriz desde la sucursal. La historia está divinamente contada en *Impávido coloso*, apasionante novela del autor del presente libro.

Lo que siguió fue una expedición punitiva enviada desde París con la misión de aplastar a los rebeldes haitianos. Casi 60 000 soldados franceses navegaron hasta el Caribe y durante 21 meses intentaron dominar a los hombres de Louverture, Dessalines y otros generales isleños. Pero sufrieron una derrota bicolor, pues al coraje de los negros se unió la voracidad de la fiebre amarilla, y al finalizar 1803 habían perdido la vida 50 270 soldados franceses y se hallaban prisioneros otros 7 000.

Sin noticias de América

El telón caía sobre la guerra antillana. Napoleón acababa de sufrir una derrota comparable con las que lo esperaban en Rusia y Waterloo.[1] Sólo que de su desastre en el Caribe se habla poco, como poco se hablaba y poco se informó sobre los movimientos de independencia americana en la Europa de aquellos tiempos. El historiador colombiano Germán Arciniegas anduvo buscando noticias llegadas de América en periódicos españoles de comienzos del siglo XIX. Descubrió que sólo de vez en cuando, y con retraso de meses, salía algún parco reporte sobre determinada batalla o levantamiento. La crisis de las colonias, que revestía formidable trascendencia e iba a dejar irreversibles consecuencias para Europa, pasaba casi inadvertida.

---

1 He ahí otra buena razón para dudar de las alabadas facultades de guerrero que le celebran a Napoleón. De hecho, cuando padece su derrota final en 1815, Francia poseía menos territorio que en 1789, al empezar la Revolución. Buena parte de él lo ganó y lo perdió el pomposo emperador.

Dice Arciniegas que en sus páginas no se registraron "las batallas decisivas de la gesta emancipadora". La de Boyacá, que destetó de España a la Gran Colombia,[1] no aparece mencionada. La de Ayacucho, que representó el nocaut de los españoles en Sudamérica, mereció apenas unos pocos renglones. "Perdió España su imperio y no fue noticia digna de darla a conocer —anota Arciniegas—. En cambio, la guerra de liberación de Grecia era seguida día a día". Dos preguntas nos asaltan. Primera: salvo en noticias referentes al futbol y la farándula, ¿ha mejorado mucho la información sobre América Latina en España? Segunda: ¿cómo terminó aquella lejana guerra en Grecia?

Noticias sí había. Las meras confrontaciones entre potencias europeas que tuvieron como escenario a América a través de alianzas con diversos movimientos rebeldes nacionales eran suficientemente interesantes. Durante tres décadas, la mortandad que se desató en las colonias rindió cientos de miles de víctimas. Pero, además, tras un siglo de conquistas y dos de tranquilidad, se oía el estruendo de la ruptura de las colonias con los imperios. Surgía un nuevo mapa de este puto mundo, y los europeos ni se daban cuenta.

Culminado el proceso independentista, las quebrantadas relaciones con España se restablecieron de manera paulatina. Algunos criollos habían propuesto el rompimiento de la lengua castellana en dos, para enfrentar la modalidad americana con la peninsular. Pero el idioma fue superior a esta pretensión tonta y la unidad del español se mantuvo y se mantiene por encima de su diversidad.

La cicatrización de heridas permitió incluso, al cabo de unos años, el intercambio de embajadores y la expedición

---

1 La Gran Colombia = Venezuela + Ecuador + Colombia (aún con Panamá como parte suya).

de leyes que autorizaban a unos y otros ciudadanos a visitar, vivir y trabajar tanto en sus países de origen como en las naciones hermanas.

En ese momento era un recurso que atendía las necesidades de los españoles residentes en América. La reciprocidad existió durante más de un siglo, hasta cuando la España europea volteó la espalda a la España hispanoamericana. No obstante, la primera simpatía histórica de la mayoría de la población americana es hacia España, aunque la fuerza del nuevo imperio, Estados Unidos, se extiende por el planeta entero.[1]

Búscase príncipe

El primer rasgo del nuevo mapa que trajo el divorcio de las colonias con la Corona española fue la insólita preocupación de los próceres americanos por buscar padrinazgos, protectorados o gobernantes en Europa, continente que los había explotado durante siglos. Los héroes de la independencia sólo optaron por buscar caudillos locales cuando nadie quiso atender sus llamados en el exterior. El general San Martín despachó un enviado especial a Londres para que gestionara la llegada de un príncipe inglés a la Argentina; el primer presidente de Ecuador, Juan José Flores, viajó en persona en busca de un rey francés o español; el general Páez, venezolano, planteó la importación de un heredero del trono de Francia; el político inglés George Canning, apoyado por al-

---

1 En esta materia debemos más a Antonio Machado, Manolete, Serrat, Almodóvar, la paella y el futbol que a gobiernos y tratados.

gunos mexicanos, planeaba en 1824 montar una monarquía en México, con la meta de que la Hispanoamérica libertada se transformara en colonia inglesa. Cuarenta años después, les tocó probar a los mexicanos lo que era un emperador francés que apoyaba a los indios pero se indigestaba con los sopes y las enchiladas. Acabaron fusilándolo en 1867.

El propio Bolívar, que vivió en Londres y leyó a los autores británicos con entusiasmo, pretendió tercamente que los ingleses acogieran bajo su protección a los países recién nacidos a la libertad. Este hombre portentoso que había cortado las amarras con España sentía que era indispensable atar la vida de Sudamérica a Inglaterra. No se trataba tan sólo de la reacción de un guerrero en pos de aliados para consolidar sus actos bélicos; era la opinión reflexiva de un gobernante que hallaba en la dependencia de Inglaterra una solución a los problemas de las antiguas colonias.

Así lo revelan varios textos suyos, como los apartes de una carta a José Rafael Revenga, su enviado a Europa:

Liguémonos en cuerpo y alma a los ingleses, para conservar las ventajas de un gobierno legal y civil, pues el de la Santa Alianza[1] no es sino un gobierno conquistador y militar (...) Inglaterra se halla en una progresión ascendente: desgraciado del que se le oponga: aún es desgraciado el que no sea su aliado o no ligue su suerte a ella (...) La aristocracia británica se halla compuesta de cuantos elementos dominan y rigen el mundo: valor, riqueza, ciencia y virtudes. Éstas son las cuatro potencias del alma del mundo corporal, éstas son las reinas del universo, y a ellas debemos ligarnos o perecer. Por mi parte, profeso esta

---

1 La Santa Alianza = España + Francia + Austria + Roma + Rusia

doctrina alta y entrañablemente. Así lo diré a los ministros del Perú, para que sepan lo que les conviene.

En otra carta traza a Santander, su mano derecha en Colombia, la línea de actuación:

> Toda la América junta no vale una Armada Británica (…) Bajo la sombra de Gran Bretaña podemos crecer, hacernos hombres, instruirnos y fortalecernos para presentarnos entre las naciones en el grado de civilización y de poder que son necesarios a un gran pueblo.

Se dice, incluso, que algunos descendientes de los próceres de Cartagena de Indias, autores del primer grito de independencia en Colombia, pidieron a Estados Unidos que por favor les permitieran convertirse en parte del territorio comandado por Washington.

Tan poquito significábamos que ningún príncipe inglés y ningún gobernante gringo se interesaron en responder las propuestas de los latinoamericanos. Su reacción hoy no sería muy distinta, seguramente.

Parque temático de dictadores

Si el primer rasgo de la "independencia" latinoamericana fue la sensación de desamparo y la ansiosa búsqueda de un aristócrata europeo que viniera a gobernar las antiguas colonias españolas, el segundo fue la férrea tendencia al autoritarismo. Ya lo decía el académico francés Jacques Bainville en su clásico libro *Los dictadores*: "América Latina ha sido siempre el territorio ideal de la dictadura". Está demostrado que, antes de que llegaran los conquistadores europeos, ya los nativos funcionaban en torno a gobiernos de un solo cacique mandamás. Sin embargo, el catálogo de Bainville termina en 1934, año de su publicación, de modo que no figuran por lo menos tres gordas camadas de sátrapas latinoamericanos.

Desde que nació como territorio libre, América Latina ha explorado mil maneras de entronizar variedades de dictadura. Louverture se declaró presidente vitalicio, y un compatriota suyo, Henri Christophe, llegó a ser rey de Haití. Pocos años después de su independencia, Argentina cayó bajo la tiranía de Juan Manuel Rosas, sangriento preámbulo de la junta militar que entre 1976 y 1983 fue responsable de cerca de 30 000 muertes y desapariciones. Mientras tanto, en el Paraguay, don José Gaspar Rodríguez de Francia fundaba una dictadura que durante casi 30 años aisló al país del mundo y lo convirtió en oscura prisión. También en Paraguay surgieron luego otras prolongadas dictaduras, como la de López Solano y la de Alfredo Stroessner. En Bolivia subieron y cayeron durante años gobiernos empujados o derrocados por los generales de turno. Ecuador fue inestable laboratorio autoritario y Perú aporta al parque temático de abusadores del poder un mosaico de figuras lamentables: Gutiérrez, Sánchez Cerro, Odría, Velasco Alvarado, Morales Bermúdez, Fujimori… Colombia, que se precia de mantener una línea continua de democracias desde su nacimiento como república, padeció los golpes militares de Melo, Mosquera y Rojas Pinilla, amén de una dictadura minoritaria conservadora que a mediados del siglo XX causó una silenciosa guerra civil conocida como La Violencia.

Venezuela ha soportado a los militares tanto como otros países padecen el hambre o la malaria: el general Juan Vicente

Gómez se instaló 27 años en el poder y Pérez Jiménez otros seis. Centroamérica y el Caribe han sido epicentros de largas, sangrientas y dinásticas dictaduras, donde se destacan por su infamia los apellidos Somoza y Trujillo. Cuba padece desde 1959 una dictadura comunista. A México lo martirizó el *porfiriato*, como se bautizó al régimen de Porfirio Díaz, entre 1884 y 1911. Chile aporta al museo de dictadores el emblemático Augusto Pinochet, príncipe de tiranos. Uruguay, ejemplo de país civilizado, sufrió en el siglo XX una dictadura cívico-militar a la que siguió un régimen militar atroz. Eran los años setenta, cuando todo el Cono Sur, desde Brasil hasta Bolivia, estaba infestado de cruentas dictaduras militares que se juntaban para perseguir enemigos comunes de izquierda más allá de las fronteras y no vacilaban en airear sus propias pendencias de límites respaldadas por cañones.

Sobra decir que, de la mano con la represión, la mayoría de estos sátrapas impulsaban también con todo lujo y esmero la corrupción y la violencia.

El propio Bolívar, que nunca tocó un peso ajeno, ejerció sin embargo el cargo de dictador. Lo había precedido Miranda, quien gobernó en calidad de Dictador Plenipotenciario de Venezuela. En 1814, Bolívar exigió a la asamblea del pueblo reunida en Caracas que le otorgara "un poder ilimitado" —como lo había tenido Miranda— y la asamblea lo proclamó dictador. Más tarde, cuando diseñó una Constitución para Bolivia, propuso una monarquía constitucional conducida por un presidente vitalicio y todopoderoso al que acompañaba un Senado hereditario. Al defender ante otros políticos el proyecto bolivariano, el canciller Estanislao Vergara explicaba que de esta manera "los pueblos, olvidándose de las elecciones y acostumbrados a ser gobernados permanentemente por el Libertador, se dispondrán a recibir a un monarca".

Pregunta perpleja: ¿para llegar a este esperpento se sacrificaron tantas vidas en batallas por la libertad?

Con semejantes antecedentes, no es de extrañar que las dictaduras, las semisatrapías, las cuasitiranías, la tendencia a la reelección perpetua y la vocación de reprimir los derechos de los demás ciudadanos formen parte del genoma político latinoamericano: ayer y hoy.

Todo cambió y todo siguió igual

Un tercer rasgo es que en América Latina hubo independencia (con la ortografía que cada quien prefiera), pero no revolución. Salieron los españoles y entraron los criollos, mas no cambiaron las estructuras económicas, ni la tenencia de la tierra, ni las élites del poder, ni la estratificación social, ni la relegación de ciertos sectores de población: mujeres, indígenas, negros, homosexuales...

Con diferencias sutiles en diversos países, las mayorías latinoamericanas eran y siguen siendo relativamente pobres, relativamente marginadas de los altos círculos del poder, relativamente menguadas en su educación y relativamente poco participativas en los procesos políticos y económicos. El ascenso social es difícil y esquivo. Los apellidos de los poderosos no tienen fecha de vencimiento y se heredan a lo largo de las generaciones. Mandan los hijos de los hijos de los hijos...[1] Por fin hemos logrado parecernos a una monarquía...

---

1 *Oligarquía* se llama esta figura.

Yo contra usted, usted contra mí

Un cuarto rasgo en el mapa histórico de América Latina
—no ajeno a otras regiones de este puto mundo, por supuesto— es la permanente pendencia interna binaria: dos
grupos que chocan constantemente: los malos y los buenos,
los patriotas y los antipatriotas, "ellos o nosotros"…

Los nombres cambian, pero los enfrentamientos siguen
y no paran de desgastar:

Realistas contra criollos
Partidarios de la república contra partidarios de la monarquía
Federalistas contra centralistas
Liberales contra conservadores
Partidarios de un caudillo contra partidarios del otro
Radicales contra moderados
Católicos contra masones
El clero contra el liberalismo
Azules contra colorados
Colorados contra blancos
Blancos contra negros
Negros contra verdes
Derechistas contra izquierdistas
Fachos contra progresistas
Demócratas contra comunistas
Línea Moscú contra Línea Pekín
Neoliberales contra populistas
Ambientalistas contra desarrollistas
Progringos contra antigringos
Y la más vieja y terca de todas las pendencias: civiles y
militares.

La guerra de los corridos

La más sangrienta pendencia doméstica ocurrida en América Latina tuvo lugar en México entre 1910 y 1920. Al conocer la nómina de protagonistas de la guerra civil que se trenzó allí, cualquier lector desprevenido pensará que se trata de la Revolución verde: De la Huerta, De la Mora, Flores, Huerta, Madero, Mata, Montes, Pino, Ramos, Robles... Pero no, nada de verdes. Lo que hubo fue una revolución del color de la sangre derramada. ¿Cuántos mexicanos murieron en esos diez años heredados del enfrentamiento entre las fuerzas conservadoras del siete veces reelegido dictador ochentón Porfirio Díaz y los ejércitos de diversos colores que buscaban implantar la democracia? Lo más probable es que entre uno y dos millones de personas. Pero algunos historiadores suben la cifra a más de tres.

Justo es reconocer que la Revolución mexicana produjo importantes frutos positivos, aparte de reformas políticas y sociales: grandes pinturas, grandes películas, grandes libros, pero, sobre todo, grandes corridos, corridos inmortales. ¿Quién no ha oído los corridos de Pancho Villa y Siete Leguas, su caballo preferido? ¿Quién no recuerda la canción de esa Adelita cuyo amado la seguiría por tierra y por mar si se fuera con otro? ¿Quién no admira a una joven de pistola al cinto a la que apodaban Juana Gallo, "por ser valiente a no dudar"?

La cosa es que apenas el tirano Díaz sugirió que tal vez había llegado el momento de abandonar el poder, luego de 34 años atornillado en él, se puso las botas Francisco Ignacio Madero, un técnico agrícola convertido en político que acaudillaba el movimiento de oposición, y recorrió el país en plan de agitación electoral. Uno de sus temas clave eran las justas reivindicaciones del agro: ocho de cada diez campesinos eran jornaleros; más de 3 millones de ellos trabajaban por un salario de hambre al servicio de 830 hacendados y de 410 dueños de ranchos.

El ambiente social hervía cuando Porfirio mudó de idea y decidió quedarse, así que en noviembre de 1910 estallaron rebeliones en variados lugares del mapa. Mu-

Pancho Villa

chas estaban encabezadas por jefes militares, pero el club de alzados en armas no discriminaba a nadie: pronto montaron sus propios grupos de combate los campesinos insatisfechos (Emiliano Zapata), los bandoleros (Pancho Villa), los antiguos arrieros (Pascual Orozco), los caciques locales e incluso los empresarios (Venustiano Carranza)…

El gobierno federal reaccionó con pólvora y empezaron diez años de guerra a menudo caótica, en ocasiones heroica, siempre sangrienta y hoy legendaria.

Cinco meses después, los focos rebeldes luchaban ya en la mayor parte del país y en mayo de 1911 el dictador, arrinconado, renunció al cargo y viajó con su familia a Europa. Caído el viejo, se convocaron elecciones y resultó elegido Madero, con José María Pino Suárez como vicepresidente. En este punto debería haber terminado la historia. Pero las amarras se habían roto, las cosas estaban desbocadas y la guerra continuó. Y lo hizo por peor camino: en febrero de 1913, a lo largo de diez trágicos días, los militares apresaron y asesinaron a Madero y Pino Suárez, liberaron al general Bernardo Reyes —preso por sublevación— y treparon a la presidencia al general Victoriano Huerta.[1] Los partidarios de Madero se enfrentaron entonces a las tropas de Huerta y, un año más tarde, el golpista renunció y huyó corriendo hacia el exterior. Fue el primer *corrido* famoso de la Revolución.

En su lugar subió Venustiano Carranza, con el apoyo del llamado General Invicto, Álvaro Obregón. Ya les tocaría lo suyo.

Huerta fue el último protagonista que salió vivo del infernal conflicto. Como en una tétrica versión de *Songo le dio a Borondongo*, los personajes del enfrentamiento cayeron asesinados uno tras otro. Venustiano Carranza murió baleado en 1920 por órdenes de Obregón, que se había rebelado contra él.[2] Seis meses luego subió a la presidencia Obregón y gobernó hasta 1924; pero en 1928, cuando aspiraba a ser reelegido, lo asesinó un fanático católico en un restaurante bastante costoso de la capital.[3] A Reyes lo despachó una

---

1 Uno de sus biógrafos describe así a Francisco I. Madero: "Pequeñito, enfebrecido de fe, bueno como el pan, humilde como San Francisco, al servicio de la causa del pueblo puso sus caudales y la vida propia". No hay que extrañarse de que, en medio de semejante horror, un hombre decente como él tuviera pocas posibilidades de sobrevivir.

2 Carranza fue sorprendido por los asesinos cuando dormía, camino a Veracruz, en un humilde rancho del poblado de Tlaxcalantongo. Murió tratando de pronunciar el nombre de la aldea.

3 Obregón había dejado un brazo en una batalla en Guanajuato en 1915. Setenta y siete años antes, otro presidente, el general Antonio López de Santa Anna, había dejado la pierna izquierda en combate contra los franceses. En aquellos tiempos, los presidentes mexicanos dejaban pedazos por ahí. Después llegaron algunos que dejaban poco y se llevaban mucho.

ráfaga de ametralladora en 1913. A Orozco le disparó un ranchero gringo en la frontera en 1915. A Zapata lo engañó, traicionó y acribilló la tropa del general Jesús Guajardo en 1919. A Guajardo lo fusilaron en 1920. A Villa lo mandó matar el gobierno de Obregón en 1923. Y así, hasta contar millones.

Que se sepa, de los que pelearon en la Revolución sólo salieron vivos Juana Gallo, Adelita, "que además de ser valiente era bonita", y Siete Leguas, "el caballo que Villa más estimaba". Por eso se habla con toda justicia de *la inmortalidad del corrido*.

El pegante: la cultura popular

¿Hay una América Latina o una veintena de países que coinciden en el mismo continente separados por pendencias y egoísmos?

La pregunta es para sociólogos, no para historiadores profundos, como el que escribe estas páginas. Que la respondan ellos. Lo que cualquiera puede afirmar, porque se percibe a diario sin necesidad de grandes disquisiciones, es que a los países latinoamericanos no los unen sus gobiernos, a menudo enfrentados, ni sus sistemas políticos, tan disímiles como los que empobrecen por igual a Paraguay y a Cuba, ni sus economías, frecuentemente hipotecadas a intereses multinacionales. Los une la cultura popular.

Los une la lengua española, a pesar de que los medios de comunicación y las élites sociales desprecian el castellano y tienen en mayor estima decir *slash* que barra (/) y *bullying* que matoneo o acoso escolar. Los une la música: el bolero, al que han contribuido de una u otra manera todos los países iberoamericanos; los corridos inmortales, las rancheras, la salsa, el tango, el pop latino, el vallenato, la cumbia, el son cubano... Los une la comida, en la que abundan extraños tubérculos, picantes de diversos orígenes, postres donde el coco tiene a menudo la última palabra y una fruta que en algunos países es de dulce y en otros es de sal: el aguacate. Los une la risa: Cantinflas, Chespirito, Quino, Les Luthiers, Condorito, Gila, Fontanarrosa... Los unen las telenovelas, género en el que América Latina es rectora. Los une el futbol (y los desune a veces). Y los une, sobre todo, la mezcla feliz y desordenada de razas y culturas, la combinación de colores y gustos, aquello que los expertos llaman sincretismo y los demás llamamos mestizaje: blancos + indios + negros + chinos + inmigrantes que llevan pintados en la piel distintos tonos de café con leche.

Si América Latina tiene algún futuro, es gracias a ellos.

matador

El supersiglo

Pocos siglos tan fascinantes en la historia de la humanidad como el siglo XX. Es el de las maravillas científicas, cuando el hombre visitó la Luna, conquistó el espacio, descubrió nuevas fuentes de energía, se movió por tierra, mar y aire con gran rapidez, derrotó numerosas enfermedades, crió bebés en probeta, trasplantó órganos, clonó animales, entrelazó al planeta mediante internet y alimentó a más pobladores que nunca.

Pero es también el siglo en que Europa fue destruida dos veces y murieron entre 70 y 100 millones de personas en dos guerras mundiales; el siglo en que uno de los países más "civilizados" del mundo emprendió un genocidio de inenarrable crueldad; en el que surgieron nuevos males, la naturaleza reveló las heridas del crecimiento insensato, proliferaron los tiranos, la Guerra Fría que siguió a la Segunda Guerra Mundial nos mantuvo con los nervios de punta, varios países desarrollaron armas capaces de destruir el planeta en cuestión de segundos y cada día mueren de hambre 25 000 personas.

El balance general parece negativo. El historiador Eric Hobsbawm recopiló y publicó algunas valoraciones autorizadas sobre el siglo XX. Su antología es una invitación a la depresión crónica, e incluso al suicidio:

"Lo recuerdo como el siglo más terrible de la historia occidental": Isaiah Berlin, filósofo.

"Lo veo sólo como un siglo de masacres y guerras": René Dumont, ambientalista.

"No puedo menos que pensar que este ha sido el siglo más violento de la historia humana": William Golding, Premio Nobel de Literatura.

"Su principal característica es la multiplicación de la población mundial; es una catástrofe, un desastre": Ernst Gombrich, historiador.

"El siglo XX elevó las mayores esperanzas que ha concebido la humanidad y destruyó todas las ilusiones e ideales": Yehudi Menuhin, músico.

"Nuestro siglo demuestra que la victoria de los ideales de justicia e igualdad es siempre efímera, pero también que siempre podemos empezar de nuevo si preservamos la libertad": Leo Valiani, historiador.

Hobsbawm, a su turno, reconoce que fue un siglo de "progreso incomparable y maravilloso", pero también "el siglo más asesino del que tenemos noticia precisa, tanto por las dimensiones, frecuencia y longitud de las guerras que lo llenan, como por la magnitud sin paralelo de las catástrofes humanas que produjo, desde las grandes hambrunas hasta el genocidio sistemático". El historiador Paul Johnson lo define como "el siglo de la infamia", y una voz resume desde Argentina los terribles y formidables últimos cien años: "Siglo XX, cambalache enigmático y febril; el que no llora no mama, y el que no afana[1] es un gil" (Enrique Santos Discépolo, músico y filósofo).

En suma: la buena noticia es que el siglo XX nos mostró un progreso material incomparable; la mala es que registró un retroceso moral apabullante.

Primero, las buenas noticias

Empecemos por las buenas noticias, que ya asomaban desde antes de que el año 1900 pusiera sus dos rotundos balones sobre el almanaque. Casi todos los grandes inventos que se desarrollaron durante el siglo XX y que hoy son parte de nuestra vida cotidiana existían ya a fines del XIX, bien como huevos fertilizados o como cachorros de lo que serían luego.

Darwin había planteado desde 1859 en su libro *El origen de las especies*, ya citado, que el hombre y el mono descienden de un tronco común y que sólo sobreviven las especies que mejor se adapten al medio. La religión consideró escandaloso este texto, quizás el más importante en el área de la ciencia desde *Principia Mathematica*, pues borraba de un zarpazo la tesis creacionista

---

1 En lunfardo, *afanar* equivale a *robar*, y el epílogo a veces es el mismo: llega el chafe y te lleva a la cana.

de la Biblia: aquello de un Adán fabricado de barro, una Eva fabricada de una costilla de Adán y un paraíso fabricado en siete días. Aprovechando que, a diferencia de la Iglesia, los monos no protestaron, Darwin evolucionó aún más la teoría evolucionista y consolidó su tesis en 1871 con un nuevo libro: *Descendencia del hombre*.

Posteriores estudios biológicos realizados en el siglo XX con el genoma humano han demostrado el acierto de los planteamientos de Darwin, hasta el punto de que la similaridad genética de un chimpancé y un ser humano alcanza 96 %. Para volver a nuestro ejemplo del capítulo primero, si se trata de Chita y de Tarzán, la identidad puede alcanzar 112 %. Y es que la evolución humana, contra lo que pensaban algunos optimistas (¿o pesimistas?), no se detiene. Por el contrario, dice el escritor Nicholas Wade, "es un proceso continuo que ha avanzado enérgicamente durante los últimos 30 000 años" de manera "reciente, copiosa y regional".

Evolución semejante sucede con inventos creados en el último tercio del siglo XIX y que en el XX mejoraron de manera sorprendente. Es como si las ideas evolucionistas de Darwin se hubieran aplicado a los aparatos. Del teléfono (1876) desciende el celular; del teléfono y la fotografía (1839) desciende el *selfie* o autorretrato; del cinematógrafo (1889) desciende Hollywood; de la calculadora electromecánica (1880) desciende la computadora (bueno: tanto como Penélope Cruz desciende del *australopitecus*); del motor de cuatro tiempos (1876) desciende el Fórmula Uno; del filamento eléctrico (1879) de Thomas Alva Edison descienden las luminosas noches navideñas; del fonógrafo (1877), también inventado por Edison, desciende el ruido ensordecedor de las fiestas navideñas; de los rayos X (1895) descienden las tecnologías que auscultan a los enfermos sin necesidad de desvestirlos; de la sacarina (1879) descendemos los que cuidamos la línea; de las telecomunicaciones por antena (1895) más la calculadora electromecánica, más el teléfono, más la fotografía, más el cine, más la sacarina y más otros inventos descienden internet, YouTube, los SMS, Facebook, WhatsApp, Twitter y una larga lista de lo que denominan *aplicaciones*.

También hay ciertas noticias que eran buenas en el siglo XIX y se volvieron malas en el XX. Por ejemplo, el hallazgo de la radiactividad (1897), que comenzó por ser una prodigiosa fuente nueva de energía y se convirtió en una angustiosa fuente nueva de destrucción; la dinamita (1866), creada para vencer barreras materiales, que acabó al servicio de terroristas sin barreras morales; la inofensiva coca andina, que, al ser procesada químicamente en Europa como cocaína (1884), fue primero medicina recetada por Sigmund Freud,[1] luego droga, más tarde nido de delincuentes y traficantes y por último fuerza política tramposa al servicio de los países que más la consumen.

---

1 Sigmund Freud (1856-1939) fue un médico checo a quien se atribuye el hallazgo de las pesadillas, el inconsciente y el sexo. En realidad, Freud no descubrió nada, porque los sueños ya los estudiaba Nabucodonosor en Babilonia (siglo VII a. C.), en 1880 el austriaco Josef Brauer ya trabajaba en el inconsciente y *Playboy* estaba a siete décadas de descubrir el sexo (1953). Pero *Herr* Sigmund desarrolló de manera genial algunos estudios e inquietudes hasta forjar una terapia mental llamada psicoanálisis, que se aplica en los barrios ricos de Buenos Aires y Nueva York.

Einstein, relativamente genial

Al llegar el esperado 1900, Albert Einstein tenía 21 años (había nacido en Ulm, Alemania, en 1879) y ya había descubierto tres cosas: primero, que era uno de los peores estudiantes de su curso; segundo, que era aconsejable hacerse ciudadano helvético y, tercero, que no tenía futuro como violinista profesional. Decidió, pues, dedicarse a la física y matricularse gratuitamente en una universidad suiza. El tema que lo obsesionaba era la relatividad. Como se trata de una teoría difícil para lectores que carezcan de conocimientos avanzados en efectos fotoeléctricos, secuencias gravitacionales y matemáticas complejas, no intentaré explicarla aquí. Baste con decir que dicha teoría relaciona materia y tiempo hasta llegar a la siguiente ecuación: $E = mc^2$.

En ella, "E" es la quinta letra del alfabeto, "m" es la representación del fonema consonántico nasolabial y la "c" es bastante más redonda que las otras dos, vaya uno a saber por qué. Figura luego un "2" aún más pequeño que las letras. Algunos dicen que significa "cuadrado", pero parece más redondo que cuadrado. Es posible que se trate de un error tipográfico, lo que permitiría despojar a Einstein del Premio Nobel que le dieron en 1921. La receta $E = mc^2$

Einstein

permitió, años después, que Estados Unidos y otros países desarrollaran la bomba atómica.

Para entonces, el encantador Einstein, espantado por la persecución de los judíos en Alemania, vivía ya en América del Norte y había agregado un tercer pasaporte a su lista.

John Archibald Wheeler, físico y filósofo que trabajó con él, recuerda admirado "su calidez y su consideración y, por encima de todo, la profundidad de su entendimiento". Añade que "tenía un sentido único del mundo del ser humano y de la naturaleza como un todo armonioso".

Aparte de la relatividad, uno de los más interesantes hallazgos del simpático personaje que buscaba ese "todo armonioso" fueron las paradojas. Por ejemplo, escribió que "lo más incomprensible del mundo es que es comprensible". En cuanto a las paradojas físicas, estudió con especial cuidado aquellas creadas por la aceleración del movimiento. No fue menos paradójico que a Einstein se le atribuya la inspiración de la mortífera bomba atómica pese a sus rotundas declaraciones pacifistas, pero la verdad histórica es que él recomendó en 1939 al presidente de Estados Unidos, Franklin D. Roosevelt, que desarrollara las armas atómicas antes de que lo hiciera otra potencia.

En lo que se refiere a la relatividad, su primera mujer, la científica serbia Mileva Marić, descubrió que el genio de su marido era relativamente maluco. En 1914, cuando ya tenían dos hijos y habían regresado de Suiza a Berlín, Albert pretendió imponerle un código de comportamiento doméstico que ni siquiera se le habría ocurrido a un machista latinoamericano o un fundamentalista islámico.

He aquí —juro que es verdad— algunas de las obligaciones que asignó Albert a Mileva: "Encargarte de: 1) que mi ropa esté siempre en orden; 2) que me sirvan tres comidas diarias en mi cuarto; 3) que nadie toque mi escritorio". Además, le exigía "renunciar a todo tipo de relaciones personales conmigo" salvo aquellas que pretendan guardar las apariencias sociales. Otrosí o, mejor, otronó: "No debes pedir nunca: 1) Que me siente contigo en casa; 2) Que salga contigo o te lleve de viaje". Como si fuera poco, la obligaba a "responder inmediatamente cuando te dirijo la palabra" y "no hablar mal de mí ante mis hijos". Aunque resultaba redundante añadirlo, le advertía: "No debes esperar afecto de mi parte y no me reprocharás por ello".[1] Pocos días después de recibir esta carta-bomba-atómica, Mileva se largó con sus hijos a Suiza y él se casó con una prima que era su amante secreta desde hacía años.

El sabio que cambió la historia de la ciencia murió en 1955 en la Universidad de Princeton, Estados Unidos. Exigió que no se realizara ceremonia funeral y que se arrojaran sus restos al río Delaware. Cumpliendo sus deseos, cenizas y río fueron "un todo armonioso".

El espacio conquista la TV y viceversa

Aparte de la energía atómica —bien y mal aplicada—, el siglo XX vio nacer y crecer muchas otras novedades que habrían sido inimaginables unos decenios antes. La aviación es una de las más notables. El primer aparato motorizado

---

1 Al lector que considere útiles las cláusulas del código de Einstein le enviaré con todo gusto copia del texto, siempre y cuando me lo pida su señora.

más pesado que el aire fue un aeroplano diseñado por los hermanos Orville y Wilbur Wright en1903. El globo aerostático y el zepelín (una especie de robalo volador) eran apenas tímidos y poco auspiciosos ensayos precedentes. El aeroplano tuvo tal éxito que pocos años después ya debutaba como arma de guerra y medio siglo más tarde, cuando se impuso comercialmente el jet (aviones con turbina a reacción), el mundo se redujo y la noción de distancia cambió por completo. Pero el hombre se acostumbra a todo, y hay quien se queja por un retardo de 20 minutos en el viaje de ocho horas entre España y Sudamérica, que en 1492 tomó 69 días a Colón y sus marineros.

No han sido inferiores en trascendencia los hallazgos en materia de física y química, como el neutrino, los agujeros negros, los quásares, el aislamiento de aminoácidos, los radicales libres,[1] los fotones, el anillo de benceno, las coenzimas, las partículas alfa, los péptidos sintéticos, el helio líquido, los isótopos, la expansión del universo, las supernovas, los magnetrones, las galaxias en retroceso, la antimateria, los betatrones, la superconductividad, los hidroxilos espaciales, los púlsares, los quarks, la peptidil transferasa y la materia oscura. Pero no intentaré explicar cada fenómeno porque es esta una materia de veras oscura, y porque me falta espacio[2] y porque los inventos que uno más agradece son aquellos en que puede sentarse con toda comodidad, abrocharse el cinturón y pedir a la azafata una mimosa.

Dentro de la categoría de inventos que producen efectos prácticos inmediatos para el ciudadano común y corriente,

---

1 Abundantes en química, escasos en política.

2 Espacio cerebral, básicamente.

mencionemos la televisión, que se experimentó primero en colores (1940) y luego en blanco y negro (1948). Por razones comerciales se vendió primero en blanco y negro y, ya saturado este mercado, se anunció en colores. Recordemos también el láser, rayo prodigioso que sirve para oír música, para coser corazones y para cocer riñones (1960). El catéter (1919) permitió convertir ciertas intervenciones quirúrgicas que antes eran una carnicería en una discreta gestión de bordado. El ADN, ácido clave en el genoma humano, y su estructura, en forma de tirabuzón, fueron objeto de minucioso estudio desde 1909, lo que permitió configurar el mapa genético y hacer lo que se hace con todos los mapas: averiguar hacia dónde debe dirigirse el viajero. Otros portentos fueron la penicilina (1928)[1], el transistor (1948), la vacuna contra la poliomielitis (1954) y toda suerte de trasplantes de órganos, que tuvieron su cima con el primer trasplante de corazón (1967). Aún se espera el de cerebro: cada vez uno conoce más posibles candidatos a inaugurarlo… como receptores.

La carrera del espacio marca uno de los más espectaculares hitos de la humanidad, con la llegada a la Luna de una misión estadounidense el 20 de julio de 1969. Ese día se posó en la superficie selenita el módulo Apolo 11 y descendió de él un hombre llamado Neil Armstrong, el primero en hundir el zapato en el polvo extraterrestre. Dijo entonces en tan solemne momento, y así lo recogió la televisión alrededor del

---

1 En la plaza de toros de Las Ventas, en Madrid, una de las más notorias estatuas no está dedicada a torero alguno sino a Alexander Fleming, descubridor de la penicilina, el fármaco que impidió que perecieran decenas de toreros en los cuernos de la infección, más peligrosos que los del toro.

planeta: "Éste es un paso pequeño para un hombre pero un paso gigantesco para la humanidad".[1] La ruta hacia las estrellas había empezado el 4 de octubre de1957, cuando la URSS puso en órbita el primer satélite artificial, el Sputnik I. Un mes después mandó el primer ser vivo al espacio, la perra Laika, lo que trajo dos consecuencias lamentables: primero, fue el primer ser fallecido en el espacio y, segundo, desde entonces la mitad de las perras del mundo —y no pocas niñas— se llaman Laika.

HomBre en la luna

En 1961, un ruso, Yuri Gagarin, pudo ver por fin la bolita terrestre desde la estratósfera. De allí en adelante han seguido importantes avances y ocasionales y trágicos traspiés: satélites de comunicación, naves a distintos planetas, estaciones espaciales, supertelescopios, hombres, mujeres y hasta multimillonarios astronautas.

Pero ya la gente se acostumbró y el espacio sólo volverá a despertar el interés de aquel Sputnik o aquel Apolo 11 cuando aparezca en lugar poblado una nave galáctica que emita llamaradas de luz verde y penetrantes pitidos en un registro que sólo captan los osos panda y los profesores de violín.

---

1 Sinceramente, no es una frase muy feliz. Estoy seguro de que, con un poquito de tiempo y buena voluntad, sería posible encontrar diez o quince mucho mejores. No se compara con el *"¡Eureka!"* de Arquímedes, con el *"Eppur si muove"* de Galileo ni con el *"¡Tierra, tierra!"* del marinero de Colón: breves, impactantes, convincentes. Y eso que ellos no contaban con la asesoría de agencias de publicidad.

"Hasta la victoria... a veces"

Una de las grandes noticias del siglo en América Latina fue la toma del gobierno de Cuba por un grupo guerrillero.

Extraña historia la de Cuba. No obstante haber sido una de las primeras islas americanas que descubrieron los españoles, fue una de las últimas en liberarse de ellos. A diferencia de casi todos los demás países del continente, los fundadores de la patria no eran grandes militares ni políticos. La primera de sus tres guerras de independencia, en 1868, estaba encabezada por un terrateniente azucarero millonario, Carlos Manuel Céspedes. La segunda, en 1898, fue convocada por un poeta y periodista, José Martí. Y al frente de la tercera, desde 1959, estuvieron un abogado, Fidel Castro, y un médico, Ernesto "Che" Guevara.

A los cuatro los unía el amor por la patria, pero, sobre todo, el amor por la barba. En Cuba casi todos los grandes héroes, y algunas de las heroínas, han sido barbudos.[1] Esta fue también la nota de identificación de las tropas rebeldes cuando Castro conformó una guerrilla que, tras ocupar los principales pueblos y ciudades de la isla a partir de 1956, derrocó al dictador Fulgencio Batista tres años más tarde con la consigna de "Hasta la victoria siempre".

La Habana era en aquel entonces foco de juego, droga, prostitución, represión política y mafiosos. No me extiendo sobre este último punto porque don Vito Corleone lo ha explicado en una simpática película sobre su familia.

---

1 A escasos 2 200 kilómetros de esta isla hay otra habitada por lampiños que, paradójicamente, se llama Barbados. Señor turista: no se deje engañar, desconfíe de las imitaciones.

Resulta triste aceptar que muchas de estas plagas, a las que se sumaron la pobreza y la depresión, volvieron a la isla en 1992, cuando Cuba entró en crisis económica al esfumarse la URSS y, con ella, los subsidios y ventajas comerciales que recibía de Moscú.

"Duro con él"

Estados Unidos tardó apenas once meses en oponerse al régimen de Fidel y comenzar su guerra particular contra esa pequeña isla situada a 142 kilómetros de sus costas. El presidente Dwight Eisenhower se propuso derrocar a Castro en cuestión de pocos meses. Después de él, diez sucesores suyos intentaron o desearon lo mismo, pero tampoco lo consiguieron. A pesar de romper relaciones diplomáticas, de un largo bloqueo económico, de planes de asesinato,[1] invasiones patrocinadas por Washington e incluso una crisis con la URSS por la instalación de armas atómicas en territorio cubano, el régimen sigue en pie y achaca parte de sus fallos y errores al asedio estadounidense.

Barack Obama entendió por fin que el ratón se crece cuando el gato falla —sobre todo si el gato hace el ridículo durante medio siglo— y el 20 de julio de 2015 abrió de nuevo su embajada en La Habana. Raúl Castro, sucesor formal de su hermano Fidel desde 2008, hizo lo propio en Washington.[2]

---

1 La CIA diseñó —sin éxito— un falso tabaco que debía estallar en las narices de Castro, y planeó arrojarle sales de talio para que perdiera todo el pelo. Sabía que el poder nace de la punta de la barba.

2 Los hermanos Castro Ruz son tres. Fidel, el caudillo,

Cuando Fidel subió al poder, prometió poner en marcha la reforma agraria, y cumplió: en 1979 decretó que "la tierra es para el que la trabaja", mandato que convirtió en terratenientes a los sepultureros. También prometió acabar con el analfabetismo, y cumplió: en 1961, miles de cubanos se dedicaron a enseñar a leer y escribir a sus compatriotas. Además prometió ampliar la salud pública, y cumplió: hoy a Cuba le sobran médicos para exportar a otros países del mundo.

No prometió que habría libertad de expresión, y también cumplió. Pues durante el gobierno revolucionario no ha habido libertad de expresión, ni de opinión, ni de prensa, ni de pensamiento, ni posibilidades de discrepancia, ni otra voz crítica que la de las grandes autoridades. Los disidentes van a parar a la cárcel antes de que puedan rematar una frase contra el régimen. Cuba ha sido condenada de manera reiterada en la ONU por violar los derechos humanos y en algunos momentos de dureza, intelectuales democráticos y de izquierda, incluso comunistas como el nobel portugués José Saramago, han retirado su apoyo a Castro.

Algo tiene que ver con la pérdida de amigos el hecho de que Fidel realiza a sus invitados visitas sorpresivas e interminables en horas nocturnas, y no para de hablar. En 1960 batió el récord de duración de un discurso en la Asamblea General de las Naciones Unidas: 4 horas y 29 minutos *flat*. Nadie lo ha superado.

Un nieto del Che Guevara que es rockero en La Habana se queja de la represión oficial y afirma que la Policía detiene a los adolescentes por llevar el pelo largo. No entienden,

---

nacido en 1926; Raúl, el político mañoso, nacido en 1931; y Ramón, nacido en 1924, que se limita a dar declaraciones a la prensa extranjera desde un tractor.

dice, que "esta revolución fue hecha por gentes que llevaban barba y cola de caballo". Una canción de otro rockero, el compositor y opositor Carlos Varela, se convirtió en himno de la juventud rebelde porque exige que Guillermo Tell deje de apuntar a la manzana en la cabeza de su hijo y ceda el turno al chico para que experimente con la manzana en la testa del padre. Es bastante metafórico, pero hasta la Policía la comprende. Y no le gusta.

Mitad aventurero, mitad médico

Cuba exportaba desde hace siglos ron, puros y música. En sus primeras décadas, el gobierno de Castro se propuso exportar además azúcar y revolución. En cuanto a aquélla, sufrió tropiezos al fracasar sus metas de producción en 1970; y en cuanto a ésta, expandió la peligrosa utopía de que las armas eran el vehículo más adecuado para llegar al poder. Semejante error costó la vida a miles de jóvenes ilusos que se alistaron en misiones imposibles y sirvieron como pretexto para consolidar dictaduras de derecha. Sólo unos pocos movimientos armados triunfaron, pero acabaron siendo más de lo mismo.

¿"Hasta la victoria siempre"? ¿Hasta la victoria a veces?

El principal promotor del mito guerrillero fue el Che Guevara, que no era cubano sino argentino. Había nacido en 1928 en Rosario, tierra del Negro Fontanarrosa y Lionel Messi. Mitad aventurero y mitad médico, conoció a Castro en México y se sumó al proyecto de montar una guerrilla en Cuba. Al vencer los barbudos, ocupó varios cargos informales,

225

desde Ministro de Economía y Enviado a Armar Revuelo en Reuniones Internacionales hasta Depositario del Espíritu Ético de la Revolución y Promotor de Focos Guerrilleros Alrededor del Mundo.

Asmático y carismático, el Che fue también motociclista en Chile, poeta en varias (quizás demasiadas) ocasiones,[1] entrenador de futbol en Colombia, fotógrafo en México, maestro del disfraz con propósitos de agitación clandestina[2] y ejemplo de coherencia política. Fue ejecutado por el ejército de Bolivia en 1967 cuando pastoreaba una guerrilla hambrienta y melancólica en la cordillera andina.

Dicen que era un soñador, pero nunca soñó con que su imagen se convertiría en icono de camisetas y que aun los Mercedes Benz de despreciables gusanos capitalistas llevarían su calcomanía en la ventanilla delantera.

¿Un formidable éxito? ¿Un aplastante fracaso?

Después de muerto, el Che ya no sólo es un símbolo sino un fantasma. Castro confiesa que a veces sueña con Guevara; le parece que está vivo y se pone a charlar con él. Y eso que Fidel duerme poco, pues se embala con unas píldoras especiales de vitaminas que lo mantienen en estado permanente de actividad y conversación.[3]

---

1 Ojo a estos versos sobre los mineros bolivianos: *Morir, tal la palabra que es norte de sus días; morir despedazado, / morir de silicosis, / morir anemizado, / morir lenta agonía en la cueva derrumbada.* Como poeta, el Che era un aceptable médico.

2 Fidel Castro cuenta que un día invitó a almorzar a varios compañeros con un "amigo interesantísimo". Todos comieron y conversaron con el individuo, sin caer en la cuenta de que era su propio camarada, el Che, disfrazado.

3 El dramaturgo gringo Henry Miller, que visitó La Habana con otros escritores convidados por Castro en 2004, señala que

Si alguien cree que trabajar mucho, dormir poco, enfrentar situaciones difíciles y pelear con sus vecinos poderosos acorta la vida, es mejor que cambie de opinión. Según el médico de cabecera de Fidel Castro, el comandante está en condiciones de vivir hasta los 120 años.

¿Aguantará Fidel? ¿Aguantará Cuba?

La píldora y la computadora

Dos de los inventos de mayor incidencia del siglo XX han sido la píldora anticonceptiva y la computadora. Ambos produjeron una revolución en la repartición del poder familiar y han tenido repercusiones sociales profundas. La píldora anticonceptiva fue obra del biólogo norteamericano Gregory Goodwin Pincus, quien ubicó en 1954 una hormona capaz de producir esterilidad temporal en la mujer.[1] Era cuestión de alcanzar en el laboratorio la dosis indispensable para el consumo diario. El invento trasladaba a la mujer el poder de decidir sobre las consecuencias de su vida sexual, que hasta entonces dependía del azar, de ungüentos engañosos o del método del exasperante profesor japonés Ogino, que consiste

---

en la mansión que les asignaron era imposible dormir. Primero, por las charlas nocturnas del caudillo y, segundo, por "un viejo y hermoso reloj de pared que ya no informa la hora con precisión y se larga a dar ruidosas campanadas que perturban la casa en cualquier momento". Según Miller, García Márquez profundizaba en su silla oyendo la carretada verbal de Fidel, pero éste no se detenía: hasta la trasnochada siempre.

1   Los efectos de la píldora serán *siempre* mucho más seguros si la toma la mujer, no el hombre. Muchas parejas aprendieron esta lección mientras arrullaban a su nuevo bebé.

en no hacerlo cuando uno quiere y hacerlo cuando Ogino y el termómetro lo autorizan. Con el anticonceptivo oral la mujer accedió a una libertad sexual que históricamente estaba reservada al hombre. El embarazo dejó de ser un riesgo y se volvió una decisión. Ya pudo emprender con mayor libertad las decisiones de trabajar, estudiar, viajar, disponer de su cuerpo...

En suma, el poder en el hogar, cuyo mando tuvo el esposo durante siglos, quedaba ahora repartido de manera más equitativa. Era tan buena la píldora, que la Iglesia la prohibió. Con ello sólo consiguió que millones de mujeres optaran por seguir la voluntad de Dios en la vida y su propia voluntad en la cama. El cisma de Pincus, ni más ni menos.

La computadora u ordenador personal y de oficina, que ya forma parte de la jauría cotidiana de electrodomésticos, como la cafetera o el televisor, tuvo muchos abuelos y tatarabuelos. Uno de ellos, sorprendente por lo aparatoso,[1] fue obra de dos ingenieros gringos que en 1946 lograron armar el primer "integrador y computador numérico electrónico" (en inglés, Eniac). Cuatro años después había quedado obsoleto —como sigue ocurriendo ahora cada 18 meses— gracias a un cerebro electrónico capaz de propiciar las primeras aventuras en el campo de la inteligencia artificial, llamado *la máquina de Turing*.

De allí en adelante es difícil atribuir premios claros, sobre todo porque las marcas de empresas desplazan a los nombres de inventores. En 1962, un ingeniero italiano inventó

---

1 La versión portátil pesaba 30 toneladas y ocupaba un taller de 450 metros cuadrados. La de bolsillo se llevaba en dos camiones.

el sistema de tarjetas magnéticas, que sirvió a Olivetti para promover en 1965 una computadora de escritorio. En enero de 1977, la empresa Commodore presentó su computadora PET, que tenía aspecto de licuadora, y seis meses después Apple lanzó el adán de su famosa línea de computadoras personales y aparatos electrónicos.

Desde entonces, las computadoras siguieron aumentando en capacidad y disminuyendo en tamaño; algunos lanzaron juegos de pantalla, otros eran calculadoras avanzadas, algunos más permitían preparar textos con tanta facilidad que muchos mecanógrafos creyeron con conmovedora ingenuidad que podían ser los herederos de Cervantes, Shakespeare y Dante.

La presencia de estos monstruos en los hogares, junto con otros inventos que caben en la palma de la mano, significó otro viraje radical en el desequilibrio de poderes domésticos. Los niños, que casi siempre ocuparon el lugar que les asignaban su ignorancia y la autoridad paterna, comenzaron a nacer y crecer en medio de teclados, pantallas y conexiones: parecía que a través de la mamila no se alimentaban de leche sino de *gigabytes*. Mientras tanto, sus padres y abuelos olían a libro viejo y teléfono de enchufar. Muy pronto esta desigualdad confirió a los pequeños el poder descomunal que otorga el conocimiento. Ahora los niños mandan y los adultos obedecen o esperan a que el enano se digne ayudarles.

Estudio de un caso

Podría extenderme largamente en esta apreciación, pero prefiero resumirlo en el análisis de un caso concreto, como aconsejan los métodos historiográficos de las universidades de Harvard y Yale. Pueden llamarlo, si lo prefieren, una anécdota personal de poca importancia.

Cuando me encontraba terminando la primera versión de este capítulo, apareció de repente en la pantalla de mi computadora un letrero que decía: "ATENCIÓN: un virus desconocido ha contaminado el equipo. Su texto se borrará en 60 segundos". Uno de mis nietos jugaba en ese momento a mi lado con unos mandos conectados a un televisor. Le pedí ayuda urgente. Faltaban 53 segundos para el desastre. Mi nieto tardó en responderme.

—¿Acaso no ves que estoy jugando en el PlayStation? —me comentó fastidiado

El cronómetro señalaba que faltaban 38 segundos para la catástrofe.

—Se va a borrar lo que he escrito —repetí con angustia. Veintidós.

—Pues tendrás que esperar, porque estoy en lo más difícil del partido.

Seis. Seis años tiene mi nieto. Once. Once segundos faltaban en la pantalla.

Cuando el nené aceptó incorporarse a regañadientes, ya era tarde.

Esa primera versión de este capítulo, la que se borró, no mencionaba el poder infame que la informática ha entregado a las nuevas generaciones. Ahora puedo decir que mi consuelo consiste en pensar que los nietos de nuestros nietos sabrán muchísimo más que nuestros nietos y éstos serán unos pobres desvalidos.

Como nosotros.

Otras noticias buenas

El siglo XX disfrutó de una temporada de osadía y baile-
teo durante los "fabulosos años veinte", es decir, el decenio
de 1920, que no alcanzó a ser un decenio porque la economía se derrumbó en 1929. Pero la etapa no fue igualmente alegre en todos los países, pues al mismo tiempo que Estados Unidos rumbeaba, Europa se lamía las heridas de la Primera Guerra Mundial. También conoció el mundo una etapa de romanticismo creativo y vocación por la paz y la libertad en la década de los sesenta, cuando se impusieron el *rock* y los Beatles y cuando el *boom* de la literatura latinoamericana —con Ga-briel García Márquez a la cabeza— produjo sensación en el mundo.

GaBo

Mujeres, homosexuales y minorías raciales saltaron a dar la batalla en defensa de sus derechos.

El futbol se hizo universal: fue posible ver "en vivo y en directo" partidos que antes estaban reservados al que pagaba entradas en la taquilla. Millones de personas pudieron asistir desde la sala de su casa a la Copa Mundo y a los torneos regionales y nacionales y mirar con sus propios ojos cómo jugaban Pelé, Cruyff, Maradona, Messi...[1]

---

1   Es verdad que en 1999, al terminar el siglo, Leo Messi aún no había debutado como profesional. Pero ya había causado sensación en el club argentino Newell's de Rosario: tenía 12 años,

El cine se convirtió en el arte del siglo al saltar del blanco y negro, la cinta muda y King Kong al color, el Cinemascope y Sofía Loren.

Fue también el siglo en el que la mayoría de los países africanos se liberaron de los imperios coloniales europeos que los habían sometido primero al esclavismo y luego a la explotación. Lo mismo ocurrió con la India e Indochina. Algunas naciones obtuvieron la independencia a través de una lucha sangrienta. Otras, por medios pacíficos. Muchas se liberaron para caer en enfrentamientos tribales o en las garras de dictadores corruptos, no pocos de ellos de tenebrosa recordación, como el antropófago ugandés Idi Amín Dadá. La lucha por la liberación y la igualdad vio surgir venerables figuras, como Mohandas Gandhi en la India, Martin Luther King en Estados Unidos, monseñor Óscar Romero en El Salvador y Nelson Mandela en Sudáfrica. Los tres primeros murieron asesinados, al igual que una larga lista de dirigentes sociales y políticos al frente de la cual están John F. Kennedy, carismático presidente de Estados Unidos, y Salvador Allende, presidente de Chile (forzado a suicidarse). Israel fue reconocido como Estado, circunstancia que no ocurrió oportunamente con Palestina, lo cual habría ahorrado muchos odios y mucha sangre. China, liderada por Mao Zedong, logró quitarse de encima a los ingleses y los japoneses y emprender un espinoso camino hacia el poder planetario.

GanDhi

---

había anotado 234 goles en 176 partidos como jugador infantil y juvenil y se preparaba a viajar al Barcelona, para mayor gloria suya, del club y del fútbol.

20

matador

El puto mundo
va a la guerra

Rememoremos. Terminada la resaca napoleónica con el desplome de Napoleón III, que cayó preso en combate contra Alemania y fue depuesto en París en 1870, sobrevinieron algunos años relativamente tranquilos en Europa bajo la tutela continental de Alemania.

Otros rincones del globo acusaban, empero, inquietud y movimiento. Tras un sueño de siglos, Japón despertaba, y lo hacía con las malas maneras de aquel a quien interrumpen bruscamente el sueño. Al entablar guerras contra China y Rusia en el ocaso del siglo XIX abandonó su propia concha y empezó a mostrar los dientes. A su turno, Estados Unidos exhibía los músculos que le había proporcionado su debut como imperio económico. Turquía y Rusia miraban con el rabillo del ojo lo que ocurría a su alrededor. El resultado es que, vista la situación, todos los países decidieron armarse, y el que más, Alemania, cuyo káiser —Guillermo II— era un megalómano obsesionado por fortalecer la armada germana para demostrarle al rey de Inglaterra que él la tenía más grande.[1]

El 28 de junio de 1914, un terrorista serbio asesinó en Sarajevo al archiduque austriaco Francisco Fernando, y explotó la guerra. La llamaron la Guerra Final, porque sacudió muchas áreas del planeta, e historiadores ingenuos creyeron que era el no-va-más. Ignoraban que, como expresó Bertrand Russell al resumir la historia universal, "desde que Adán y Eva comieron la manzana, el ser humano jamás se ha abstenido de cuanta locura le ha sido posible cometer". Bajo la marca Poderes Centrales (PC), Alemania y Austria se unieron contra Francia, Rusia y Serbia (los Aliados). Como ya es costumbre, Polonia y Bélgica fueron las primeras víctimas de los ataques de los PC. Gran Bretaña, preocupada por los acorazados del káiser, se alineó con Francia. Turquía pidió ingreso al equipo alemán. Grecia sólo podía estar donde no estuviera Turquía. Japón no quiso que la dejaran de lado, de modo que posó para la foto junto a los Aliados. Bulgaria se matriculó en el grupo contrario. Las acciones dieron tempranos y fructíferos resultados a los PC, que llegaron hasta las goteras de París, atacaron a Rusia y dominaron el centro de Europa.

Desde la otra orilla del Atlántico, Estados Unidos declaró una inquietante neutralidad. Pero los torpedos alemanes que hundieron el trasatlántico *Lusitania*, donde viajaban numerosos ciudadanos estadounidenses, empujaron a Washington a

---

1 Guillermo también tenía el bigote más grande que los demás reyes, jeques y gobernantes del mundo, incluidas las princesas de ciertos países árabes y mediterráneos propensas a la abundancia capilar.

entrar en batalla al lado de los Aliados, bando al que había renunciado Rusia, tras la revolución bolchevique. Era 1917. La guerra traía hambre generalizada, ruina económica, millones de civiles muertos y un desfile aterrador de nuevas armas: tanques, aviones de guerra, bombarderos dirigibles, submarinos, gas letal, ametralladoras ultramodernas… Buena parte del combate se dio desde las trincheras, preámbulo ominoso de las fosas funerales.

La entrada de las tropas de Estados Unidos definió la guerra a favor de los Aliados, como volvería a ocurrir en 1945. En noviembre de 1918 abdicó el káiser, desapareció la monarquía alemana y se firmó el armisticio. La Primera Guerra Mundial ya era historia.

Unos meses después, a través del Tratado de Versalles, los aliados impusieron a los vencidos severas indemnizaciones y la devolución de los territorios coloniales, conquistados o en disputa. Nacieron Checoslovaquia y Yugoslavia; Japón se benefició con los enclaves alemanes en partes de China y el Pacífico; Turquía perdió Egipto, Chipre, Armenia, Mesopotamia, Siria y Palestina; se planteó una Liga de las Naciones que debía agrupar a casi todos los Estados del orbe.

A muchos alemanes les parecieron excesivas las condiciones de la rendición. Entre ellos estaba un cabo de 30 años que había peleado en Bélgica y Francia, donde resultó herido y lo condecoraron con la Cruz de Hierro. Se llamaba Adolf Hitler.

El puto mundo vuelve a la guerra

Dicen que al perro no le cortan las gónadas dos veces, pero a este puto mundo sí. Terminada la Primera Guerra se inició la reconstrucción de Europa. Estados Unidos, que salió coronado como el gran imperio ecuménico, entró en una breve época dorada de progreso y pachanga. Pero acechaban varias amenazas. El Senado de Estados Unidos se negó a ingresar a la Liga de Naciones, con lo cual mató en la cuna aquel proyecto de paz internacional.[1] Su gobierno optó por el conservadurismo y el aislacionismo, y los norteamericanos eligieron a un presidente incapaz y ayuno de todo carisma, Warren Harding.[2] La prohibición del alcohol fomentó el consumo de destilado ilícito, circunstancia que alentó la prosperidad de las mafias, la corrupción y la violencia, como sucedió después con la droga. El capitalismo se desmadró. Los sindicatos fueron perseguidos. Y, para rematar, no se habían cumplido diez años de Versalles cuando, en medio de un fragor cuyos ecos se repiten de vez en cuando, la economía norteamericana se volvió añicos. El desempleo subió a las nubes, el ingreso nacional disminuyó a la mitad, se

---

1 Según H. G. Wells, "si Estados Unidos hubiera sido parte de la Liga de Naciones en los 20 años que siguieron a la guerra, la historia del mundo seguramente habría sido muy diferente".

2 El poeta e. c. cummings alegaba que Harding era el único ser humano que redactaba "una simple frase declarativa con siete errores gramaticales". El problema es que cummings no tenía autoridad moral para decirlo, pues escribía su nombre y apellido con minúsculas, pese a que bien sabemos que es obligatoria la mayúscula inicial en todo sustantivo propio. Hay que ser coherente, hombre…

clausuraron más de 5 000 bancos, la bolsa de valores rodó al piso y llegó al punto de cerrar sus puertas por unos días. La Gran Depresión saqueó bolsillos y espíritus y extendió su manto sobre Europa.

Desentendido Estados Unidos del exterior por sus propios problemas, abandonó el liderazgo que la victoria en la guerra le había otorgado. Mientras tanto, el cabo Hitler hacía carrera en Alemania al frente del Partido Nacional Socialista (Nazi) con una fórmula que a menudo rinde buenos resultados iniciales y funestas consecuencias posteriores: patriotismo mezclado con extremismo y con capacidad de conmover a las masas. Prometía resarcir a Alemania de la derrota de la guerra del 14 y hacer del país un emporio de riqueza. Su oratoria, que habría sido cómica si no fuera criminal, provocaba delirio y, galopando en los lomos de una amplia mayoría de votantes, fue proclamado canciller, el más alto cargo público, en 1933.

Una vez allí, Hitler decidió que gobernar Alemania era poco. Quería dominar Europa y, por qué no, el mundo entero: acusaba el mismo síndrome que había atacado antes a Alejando el Grande, a Julio César, a Carlomagno, a Gengis Kan, a Napoleón…

Sólo transcurrieron cinco años antes de que saltara del deseo a la acción. En 1938 forzó la unificación de Alemania y Austria; unas semanas después, anexó a Alemania parte de Checoslovaquia, y en marzo de 1939 se apropió directamente de toda Checoslovaquia, que quedó reducida a protectorado suyo. En agosto firmó un tratado secreto de no agresión con la URSS —que luego Hitler cometió el tremendo error de violar— por el cual se repartían Polonia entre ambos.

Y así, sintiéndose protegido por su poderoso ejército y por la tolerancia de algunos países vecinos, el l de septiembre mandó los tanques a Polonia y empezó la Segunda Guerra Mundial.

La Guerra Incivil Española

Incivil: incivilizado, bárbaro, maleducado, grosero, incorrecto, descortés, desconsiderado

Diccionario Online WordReference

A manera de abrebocas de la calamidad que se venía encima del planeta había estallado en España la guerra civil. La precedieron varios magnicidios cometidos durante los siglos XIX y XX, largos periodos de inestabilidad política (llegó a tener 28 gobiernos en cinco años), creciente ensañamiento entre los rivales, repetidos amagos de golpes de Estado (un cuartelazo encumbró como dictador a Miguel Primo de Rivera en 1923) y el sacudón que significó la abolición de la monarquía, por decisión popular, y la fundación de la República. En tres días de abril de 1931 los ciudadanos repudiaron la Corona, el rey Alfonso XIII se exilió en Francia y empezó un lustro de coaliciones, ilusiones, pandillas y pesadillas.

Como primer ministro se designó a Manuel Azaña, mitad político y mitad escritor, de quien dijo don Miguel de Unamuno que era un autor sin lectores y sería capaz de iniciar una revolución con tal de que lo leyeran. No tanto. Pero sí fue uno de los motores de un cambio radical que buscaba el arraigo de las instituciones democráticas, mejores condiciones para los trabajadores, nuevos modelos educativos, reducción de la influencia eclesiástica y obediencia del Ejército, sombra siempre amenazante y pertinaz.

Ésa era la receta, pero la mezcla de ingredientes, a los que debe agregarse la oposición reaccionaria de ricos y conservadores, terminó en confuso amasijo. Durante dos años (1931-1933) la República realizó trascendentales cambios bajo la guía de una coalición de centro izquierda; a este primer periodo republicano siguió durante otros dos años (1933-1935) una alianza de centro derecha que echó atrás los avances del anterior gobierno. La izquierda regresó al poder a comienzos de 1936, pero sólo por unos meses, ya que en julio se declaró en rebeldía armada un sector militar comandado por Francisco Franco, homúnculo de voz fina, corazón de piedra y mirada de hielo.

Empezó así una guerra (1936-1939) que abarcó lucha de clases, de ideologías y de regiones. El general de la voz atiplada mostró pronto que era diestro como comandante y siniestro como enemigo. En los primeros seis meses de alzamiento mandó fusilar a 50 000 republicanos y encarcelar a miles más. Luego de casi tres años de combates en los que participaron intelectuales izquierdistas de todo el mundo[1] en desigual lucha contra los nacionalistas y sus aliados nazis y fascistas —Hitler y Mussolini—, el movimiento franquista liquidó la República y los republicanos acabaron "enterrados, encerrados o desterrados".

Se dice que la guerra dejó un millón de muertos, pero probablemente fueron "apenas" 500 000, suma de víctimas

---

1   Entre ellos, los escritores o artistas Thomas Mann, Ernest Hemingway, William Faulkner, André Gide, Jean Paul Sartre, David Alfaro Siqueiros, George Orwell, Wilfredo Lam y André Malraux. El más macho de todos era Hemingway.

de las tropelías de ambos bandos. Unos 300 000 más se marcharon y nunca volvieron.

Con Franco, España dio un salto hacia atrás y padeció una prolongada dictadura que reprimió derechos y ordenó ejecuciones hasta poco antes de 1975, cuando falleció el llamado Caudillo, ya viejo y convertido en un saco de tubos, enchufes y catéteres. El Generalísimo suponía que al pasar a mejor vida —él y España—, el régimen se sostendría con solidez sin necesidad de su presencia. "Dejo todo atado y bien atado", declaró. Pero el atado empezó a desatarse al poco tiempo de su fastuoso sepelio y se desató del todo en cuestión de meses.

Pasados apenas dos años, Adolfo Suárez, su heredero a través del restaurado rey Juan Carlos I —nieto de Alfonso XIII—, tendió un puente de transición hacia la democracia. En 1977 se celebraron elecciones generales (suspendidas desde 1936); en 1978 se aprobó una nueva y democrática Constitución y en 1982 fue elegido presidente el socialista Felipe González, que, oculto tras el alias de Isidoro, había llevado vida clandestina contra el régimen de Franco.

Durante la resaca de la dictadura aún se dejaban oír ecos de los nostálgicos que prometían un regreso a los viejos tiempos, retrógrada esperanza que se vio definitivamente frustrada al conjurar el rey un golpe militar en 1981. Pero, con la consolidación de la democracia en una transición emblemática, esos ecos se oyen cada vez menos, cada vez menos, cada vez menos…

Los nuevos fantasmas contra los que ha tenido que luchar España en los últimos tiempos han sido el terrorismo, la crisis económica, la fragmentación territorial y, sobre todo, la corrupción. Esta ya existía durante la dictadura franquista, pero permanecía oculta. Enquistada tanto en el sector público como en el privado, la corrupción conspira contra la democracia cada vez más, cada vez más, cada vez más...

La historia se repite

Si alguien no considera suficientemente despiadado el enfrentamiento que desangró a España, que espere un poco, pues ya llega la Segunda Guerra Mundial. Sobre este tema los actuales terrícolas han leído tanto, asistido a tantas películas en las salas de cine, visto tantos documentales en la televisión y soportado tantas noticias posteriores que no vale la pena repetir aquí los detalles de aquellos seis pavorosos años.

Baste con decir que fue, de cierto modo, una reiteración de la historia de la Primera Guerra. Se inició con avances veloces y exitosos de Alemania, a los que ofrecieron tenaz resistencia los viejos aliados. Luego siguieron fracasos casi risibles de los ejércitos italianos de Mussolini (socio de Hitler); ataques japoneses; entrada de Estados Unidos en el escenario cuando el malo de la película amenazaba con ganar la pelea; explosión de dos bombas atómicas en Japón;[1] victoria final de los buenos y una nueva entidad supranacional, la Organización de las Naciones Unidas (ONU), diseñada para

---

1 Después de los 140 000 muertos que dejó de inmediato la bomba lanzada en Hiroshima el 6 de agosto de 1945 y los 80 000 que produjo la de Nagasaki tres días después, el mundo ha estado varias veces al borde de la catástrofe nuclear por errores, accidentes o amenazas. Quizás la ocasión más riesgosa fue durante la "Crisis de los misiles" que enfrentó en Cuba a Estados Unidos y la URSS en 1962. Estamos vivos de milagro.

evitar esa tercera guerra que esta vez sí acabará del todo con el planeta.

Una diferencia importante entre las dos conflagraciones es que en 1914 los líderes de los países aliados eran unos mediocres. El presidente gringo, Woodrow Wilson, se caracterizaba por "arrogante, incompetente y poco querido en su país" (H. G. Wells); el primer ministro francés, Georges Clemenceau, tenía como "único interés la grandeza de Francia"; y el primer ministro de Gran Bretaña, David Lloyd George, posaba de astuto pero era un ingenuo que no vio venir una guerra que ya le estaba mordiendo las blancas nalgas.

En la Segunda Guerra, por el contrario, todos los grandes líderes —salvo el inefable Mussolini—eran personajes de talla XXL. José Stalin, un dictador enorme en cuyas manos y las del pueblo soviético reposa buena parte de la derrota de Hitler; Franklin D. Roosevelt, posiblemente el mejor presidente de la historia de Estados Unidos; Charles de Gaulle, un general francés tan grande como alto (le faltaban cuatro centímetros para los dos metros); el propio Adolf Hitler, quien, si hacemos a un lado su siniestra personalidad, sus errores estratégicos y su diabólico proyecto, era un hábil guerrero y un jefe político capaz de hipnotizar a todo un pueblo; y Winston Churchill, primer ministro británico, estadista extraordinario, demócrata de hierro y ser humano fascinante.

Winston y Adolf

El paralelo más apetitoso es entre Adolf Hitler Pölzl y Winston Leonard Churchill. Este último había nacido en Inglaterra en 1874, lo cual lo hacía 15 años mayor que aquél, oriundo de

Churchill

Austria. De joven, Churchill fue periodista dinámico y político poco exitoso; Hitler se consideraba un artista y se daba vida de dandi. Churchill es autor de una novela lamentable que resultó ruinoso fracaso editorial; Hitler vendió más de 10 millones de ejemplares de su autobiografía (*Mi lucha*) y se hizo rico con las ventas. Churchill era conservador en política y liberal en economía, por lo que militó en los dos grandes partidos británicos; Hitler asimiló para su partido las ideas del demagogo racista Jörg Lanz von Liebenfels, que dividía al mundo en arios puros (principalmente alemanes y austriacos) y subhumanos (principalmente judíos, gitanos, homosexuales, polacos e izquierdistas): los arios estaban llamados a gobernar el mundo y acabar con los demás. Churchill fue uno de los cerebros y plumas más brillantes del siglo XX; Hitler, según uno de sus biógrafos, "fue un adolescente hasta su muerte, pues no tuvo desarrollo intelectual, emocional, artístico ni sexual".

Churchill tenía fama de hombre sociable e ingenioso; Hitler carecía casi por completo de humor y sólo se sentía a gusto entre sus áulicos o frente a una delirante multitud. Churchill lloraba leyendo poemas, viendo películas románticas y asistiendo a cualquier funeral; Hitler era yerto pero capaz de fingir ternura o estallar en bravatas. Churchill era monógamo, aficionado a la buena comida, la siesta, el cigarro y el whisky y afirmaba que el mejor lugar para discutir los asuntos de Estado era la mesa;[1] Hitler era abstemio, vegetariano, enemigo del cigarrillo y posiblemente solo tuvo relaciones sexuales con la rubia valquiria Eva Braun en los últimos meses de su vida. Churchill murió en su cama de Londres en 1965 a los 91 años; Hitler se suicidó en Berlín con su perro favorito y su amante en 1945; acababa de cumplir 56.

Hitler

A pesar de estas diferencias, los dos registran antecedentes parecidos: en los comienzos de su carrera, ambos fueron rechazados, ambos sufrieron reveses que habrían descorazonado a otros menos animosos y a los dos los consideraron liquidados sus rivales políticos… pero salieron adelante y acabaron enfrentados en la guerra más terrible que recuerde la Historia. El analista Andrew Roberts dice que "el atributo clave que compartían era una tenacidad casi sobrehumana que mantuvieron durante sus largos años de adversidad y fracaso".

Lo paradójico es que Hitler es el personaje más famoso del siglo XX. Sobre el tirano del bigotito se han publicado

---

1 En la histórica cumbre de Yalta, Rusia (febrero de 1945), entre Roosevelt, Stalin y Churchill, donde se fraguó la ONU, los delegados disfrutaron de una orgía de caviar, vodka, champaña, vino, naranjas y mandarinas; Churchill aportó 24 docenas de huevos, dos cajas de whisky, una de ginebra y otra de *bourbon*. Nadie diría que afuera hervía la guerra. Además de licor y comida, abundaban las palabras. En una cena hubo 44 brindis. Dice la historiadora Cita Stelzer: "Las comidas sofisticadas ofrecían a Churchill un escenario en el que brillaba y desplegaba la diplomacia personal, su gran recurso".

dos veces más biografías que sobre el *Sir* del puro, y el triple que sobre Roosevelt o Stalin. "Sólo acerca de Jesucristo se han escrito más textos que sobre Hitler", dice el historiador Robert Harris. Él tiene por qué saberlo, pues es autor de un libro sobre los falsos diarios de Adolf y cómo sirvieron para engañar a decenas de "astutos" editores, expertos y periodistas en 1983.

Hitler estuvo cerca de convertirse en el amo de Europa y quizás de la Tierra. Lo impidieron hombres como Churchill y el sacrificio de millones de soldados y civiles. Es importante echar una mirada a los escalofriantes proyectos, actos e instintos de Hitler y recordar a los millones de personas que asesinó en los campos de concentración para entender que si él y sus compinches hubieran vencido, el siglo XX habría sido muchísimo peor de lo que fue.

De todos modos, la resaca de la Segunda Guerra nos dejó como herencia el armamentismo nuclear. En este momento la Tierra es un arsenal que alberga 19 000 armas nucleares, algunas de ellas tan poderosas que, a su lado, la bomba de Hiroshima es un fósforo. Once, quizás trece países, disponen de armamento atómico y sus gobernantes podrían apretar el botoncito rojo que activará el apocalipsis cuando lo consideren necesario. "Es posible destruir el mundo en cinco minutos", resumió en 2013 un experto en armas nucleares.

21

matador

La última noche

¿Cuándo terminó el siglo XX? En teoría, el 31 de diciembre de 1999 o esa misma fecha del 2000: sobre esto caben opiniones, como lo señalamos astutamente en el capítulo quinto. Los historiadores serios tendemos a creer que en realidad llegó a su fin en la fría noche del 9 de noviembre de 1989, cuando los ciudadanos de la República Democrática Alemana asaltaron el muro de Berlín y empezaron a derribarlo. La RDA constituía la mitad oriental de la antigua Alemania, que había sido dividida entre los vencedores de la Segunda Guerra. Se hallaba bajo el control de Moscú y era el triste balcón de un comunismo que enfrentaba la vitrina más primorosa del Occidente capitalista. Una muralla de concreto de 120 kilómetros de longitud y 3.6 metros de altura separaba a los dos sectores del país y de Berlín. Protegida por miles de soldados apostados en 300 torres, procuraba disuadir a quienes soñaban con saltar de un lado al otro.

Aquella noche del 9 de noviembre estuvo precedida en Polonia y Hungría por un año de huelgas que entre agosto y octubre del 89 culminaron, respectivamente, con la elección del primer gobierno polaco no comunista de la posguerra y la aceptación del multipartidismo húngaro. Mientras tanto, una hemorragia de ciudadanos de países pertenecientes a la órbita soviética "votaban con los pies", es decir, huían hacia Occidente.

La caída del muro extendió una onda concéntrica de democracia que alcanzó pronto a Checoslovaquia y Rumania y envió un mensaje claro a la Unión Soviética, donde habían cambiado los vientos desde 1985, cuando tomó el timón del Partido Comunista una nueva generación. Eran ya pasados los tiempos de Kruschev y de los tres oscuros burócratas que lo sucedieron.

Ahora un nuevo secretario, Mijaíl Gorbachov, pretendía combatir el estado de atraso, corrupción y represión que campeaba en el país. Empezó con el *glasnost*, que hacía al gobierno más transparente y reconocía los derechos de los ciudadanos, y siguió con la *perestroika*, que intentaba sacudir una economía oxidada. Gorbachov promovió cambios políticos que los ortodoxos de la línea dura no pudieron echar atrás, se aproximó a los países occidentales y soltó la rienda a los de la órbita soviética.

Es probable que en esta última decisión hubiera influido la desagradable costumbre de los líderes soviéticos y de Europa oriental de saludarse con un apretado beso en la boca.

Un esbozo de golpe de Estado en agosto de 1991 quiso volver al pasado, pero lo desbarató Boris Yeltsin, presidente de Rusia, la república más poblada y rica de la URSS, subido en un tanque de guerra y una garrafa de vodka. Lejos de frenar los cambios, la intentona los aceleró. En diciembre, Yeltsin y los presidentes de otras repúblicas asociadas decretaron la disolución de la URSS y renunció Gorbachov. El día de Navidad de 1991 dejó de existir el experimento que algunos habían anunciado como el eterno paraíso del futuro. Como dijo un escritor que lo sufrió, "la Utopía fue traicionada y, peor aún, convertida en la estafa de los mejores anhelos de los humanos". Duró solo 64 añitos: un nanosegundo en los anales de la civilización.

Después de estos acontecimientos, que un lustro antes resultaban impredecibles e inesperados, poca historia le quedaba al siglo XX. El panorama, al amanecer del tercer milenio, mostraba una Rusia desolada en manos de oligarcas advenedizos, una Europa agrupada en torno a una admirable comunidad política y económica, una China socialista que irrumpía con ímpetu capitalista y unos Estados Unidos convertidos en la única superpotencia reinante en este puto mundo.

22

El último día

egún lo explicamos con todo detalle en el primer capítulo de este tratado, la Tierra surgió de una explosión formidable, extraordinaria, que se alcanzó a oír en Somalia, Siberia y otros lugares que ni siquiera habían sido fundados todavía. Esta explosión fue denominada el Big Bang o, de manera más científica, el Estallido del Carajo.

El problema ahora es imaginar cuál será el final del planeta, que algún día tendrá que llegar porque lo único eterno en esta vida es el papeleo para declarar impuestos y un concierto de música dodecafónica. Se dice que el hombre está arrasando la naturaleza y cavando allí su fosa. Es verdad: cada año desaparecen 11 000 especies animales y otras muchas especies botánicas por culpa del agujero de ozono, el calentamiento global, la sobreexplotación de la tierra y la cacería indiscriminada. Durante los últimos 540 millones de años se han registrado cinco oleadas masivas de destrucción de la vida terrestre. En una de ellas, la del pérmico (hace 251 millones de años), se extinguió 96 % de las especies; sobrevivieron sólo las cucarachas, las termitas y los vendedores de ofertas por teléfono, pues no hay cómo espantarlos.

La alocada marcha de hoy hacia el abismo, rotulada como la Sexta Extinción Masiva, será la primera provocada por el hombre, no por fenómenos naturales. Un estudioso del asunto afirma que la actual extinción avanza a una velocidad entre tres y cien veces mayor que las otras. La primera encíclica del papa Francisco ya empezó a administrar los santos óleos al medio ambiente. El Banco Mundial, al que no se puede acusar de alarmista, acepta que el ritmo de calentamiento del planeta es tan acelerado que, antes de que termine el siglo, "provocará olas de calor extremo, disminución de las existencias de alimentos a nivel mundial, pérdida de ecosistemas y biodiversidad y una elevación potencialmente mortal en los océanos".

Podría pensarse que el horrible futuro que auguran el papa, el Banco y miles de científicos se vislumbra aún muy lejano. Hoy mismo, sin embargo, están naciendo muchos bebés que lo verán y padecerán, mientras sus pobres descendientes les cantan el "feliz cumpleaños, abuelito" en medio de la inundación, el hambre, el calor asfixiante y la ausencia de pájaros y flores.

Pero una cosa es que desaparezca la frágil vida como hoy la conocemos: seres humanos, animales, plantas, artículos fabricados en la China... Sin ellos la Tierra será mucho más tranquila pero más triste, con mares vacíos, montañas despobladas, ciudades en ruinas y selvas sin ruido.

Cosa distinta, en cambio, es que incluso esa Tierra superviviente, habitada sólo por minerales y polvo, desaparecerá un día. ¿Cómo? Posiblemente de manera similar a su comienzo. Los científicos serios y los historiadores profundos planteamos tres hipótesis al respecto.

La primera prevé que el epílogo se produzca por contracción. Si el universo nació por expansión, podría acabarse por lo contrario. En ese caso, subirán las temperaturas y los átomos de todas las galaxias se nuclearán para convertirse en radiaciones. Luego los núcleos se atomizarán, y protones y neutrones volarán como mosquitos hasta que una fuerza centrípeta gravitacional los apriete cual cósmica salchicha. En ese punto, bajo insoportable presión, los quarks que contienen se liberarán y dispersarán por todos lados sin documentos de identidad. El final será un gran baile delirante de quántums que anticipará cosas mucho peores. Por ejemplo, si alguna persona se retiró al baño, cuando regrese ya no encontrará nada. Ella misma será una sombra.

La segunda hipótesis terminal es la ausencia de energía. El Sol, alrededor del cual giramos gracias a Copérnico y Galileo (ver capítulo correspondiente), se degradará, como ocurre con toda materia; su energía se agotará, como se agota la pila de un reloj o de una tableta. Sólo que ya no habrá posibilidad de comprar repuestos ni recargar el equipo: se fundirá, tirará la toalla, dejará de alumbrar un día. Pero no sabremos qué día, porque, al no existir el día, ya todo será noche y se apoderarán del universo la oscuridad y el hielo. Flotará entonces un enorme espacio negro surcado por partículas inertes y mínimos puntos multicolores de luz fugaz. Va a ser un espectáculo maravilloso, pero no habrá quien lo disfrute.

Los dos escenarios anteriores podrían ocurrir en un plazo inminente de 10 000 millones de años, por lo cual no es preciso apresurarse ni madrugar a despedirnos de amigos y familiares.

En cambio, la última hipótesis —la menos optimista— recomienda dormir vestidos desde esta misma noche. Según la ley de probabilidades, todo se convertirá en una enorme nube de ceniza cósmica cuando el dedo de un gobernante impaciente oprima el botoncito rojo y…

matador

APÉNDICE

matador

El tiempo entre telones

El texto principal de este libro se ha ocupado de ofrecer geniales resúmenes de los principales acontecimientos acaecidos en este puto mundo. Pero, además de sucesos destacados y personajes sobresalientes, la verdadera urdimbre de la Historia se cose entre telones, lejos de la lupa investigadora de los analistas y a base de frustraciones y fracasos, de hechos menores y de personajes discretos.

El siguiente calendario revela por primera vez algunos de esos episodios probables y nombres indemostrables sin los cuales la historia de nuestra Historia sería otra historia.

¿?? – Cinco eones antes del Big Bang se produce el Little Shhhh, consistente en una formidable explosión galáctica que se frustra por falta de un fósforo para encender la mecha.

El homo sexual (hará 239 357 años el próximo mes de julio) – Cuando el *homo neandertalensis* aún se reproducía por esporas, un sobrino suyo descubrió el sexo jugando con su mejor amigo. Fue bautizado desde entonces como el *homo sexual*. El siguiente paso consistió en ponerse a jugar con unas criaturas de pelo largo y pecho abultado que pululaban en su entorno. Surgió así el *homo erectus*.

Edad de Piedra (hace 11 000 años) – En medio de los períodos Paleolítico y Mesolítico surge el Ansiolítico, que disolvió la ansiedad característica del Epipaleolítico y permitió llegar al Neolítico sin apoyos psicoanalíticos.

El homo brutus (10 000 años y un día) – A la sombra del *homo sapiens* prospera el *homo brutus*, que pretendía atizar las hogueras a garrotazos y matar gacelas a punta de soplidos. Trepado en un árbol, estuvo a punto de descubrir la electricidad, pero lo carbonizó un rayo.

Año 3312 a. C. – El campesino de Atapuerca Calixto Rueda inventa un aparato redondo que recorre espacios sobre su propia circunferencia. Lo registra con su apellido y, al vencer los derechos industriales en el año 3291, la marca se convierte en sustantivo común.

2771 a. C. – Por una falla en la interpretación de los planos se desploma la primera pirámide de Guiza, que había sido construida con la cúspide hacia abajo.

325 a. C. – El escultor griego Silanión termina en la plaza mayor de Corinto una estatua del púgil Efistato, inventor de la doble zancadilla, que revoluciona la lucha cuerpo a cuerpo y la vida política.

460 a. C. – El filósofo griego Empédocles afirma que el principal elemento de la naturaleza es "el viento, que siempre está entre nosotros". El planteamiento no arraiga, pues sus discípulos resultan incapaces de contener la risa cada vez que vinculan la doctrina filosófica con el nombre del maestro.

25 de diciembre Antes y Después de Cristo – Dos Reyes Magos se trenzan a la medianoche en encendida polémica ante la cuna de un niño recién nacido en Belén. El uno alega que la fecha corresponde al año 00 y el otro que al año 01. El niño sonríe y calla.

15 de agosto del año 41 d. C. – *El Rubio*, imponente león africano, se retira coronado como Rey del Circo Máximo Romano tras una brillante carrera de once años que incluye entre las víctimas a 674 cristianos, 31 paganos y un panadero que entró al ruedo por equivocación.

67 – Al morir san Pedro, toma posesión el segundo Sumo Pontífice de la Iglesia, san Cleto. Promete un papado tan dinámico y trascendente que "la gente se olvidará del nombre de mi antecesor". Corrección: donde dice san Cleto debe decir san Lino.

275 – Fallece el emperador Marco Aurelio Tácito en un sitio que no se nombra.

Marzo de 711 – Desembarca en Andalucía un grupo de árabes. Los moros juran que se marcharán al día siguiente, y las autoridades les permiten pasar allí la noche. (Ver 2 de enero de 1492).

895 – Aborígenes zapotecas mexicanos descubren el *chocolatl* (chocolate) en el poso de una taza de cacao.

980 – Un monje escribe las primeras palabras en lengua española en el monasterio de San Millán, España. El manuscrito aparece precedido por una glosa en idioma extraño que dice: *Please read carefully the following text; it may contain a new language.*

1167 – Nace en Inglaterra Juan sin Tierra. Y sin pañales, ni zapatos, ni nada.

1388 – Los chichimecas descubren el *tomatl* (tomate) en una pizza margarita.

7 de mayo de 1429 – En Orleans, Francia, Juana de Arco inaugura el futbol femenino y estrena la zona de candela.

1465 – Fracasa la primera gran expulsión de los judíos de la península ibérica, encomendada por error al joyero toledano Moisés Rodrigo Goldstein.

1488 – Los mayas logran por chiripa la síntesis del *aguacatl* en una ensalada de guacamole.

2 de enero de 1492 – Por fin se van. (Ver marzo de 711)

Agosto de 1492 – Antonio de Nebrija publica la *Grammathika dela LLengua Yamada Casteyanna u Ispanhola*, justamente cuando más se necesitaba.

12 de octubre de 1492 – Colón escribe en su diario: "Un marinero anuncia que ha divisado tierra. ¿Para qué quiero yo tierra? Yo busco oro, hoder, oro..."

13 de octubre de 1492 – Fray Bartolomé de las Casas arranca la página anterior del diario de Colón y la arroja por la borda.

1503 – Mientras su marido discute en las tabernas sobre la redondez de la Tierra, Kasia de Copérnico descubre, golpeándola con una sartén, que la cabeza de su marido es ovalada y con chichones.

3 de abril de 1507 – Se ordena Lutero.

1516 – Los aztecas divisan el primer *gachupintl* (español), que desembarca en una playa.

31 de octubre de 1517 – Se desordena Lutero.

1605 – Aparece la primera parte de *El Quijote*, cuya redacción tomó a Cervantes 29 años. La escribió con el brazo que le inutilizó un arcabuz en la batalla de Lepanto.

1615 – Se publica la segunda parte de *El Quijote*, que Cervantes termina en un tercio del tiempo de la primera gracias a que decide escribirla con el brazo bueno.

1615 – William Shakespeare publica su última obra, la tragedia *Romeo y Cleopatra*. La verdadera tragedia es que, entregado a la bebida, el bardo inglés confundía obras y personajes.

23 de abril de 1616 – Son sepultados Cervantes en España y Skakespeare en Inglaterra. Sin embargo, en 2015 aparecerán los restos de Shakespeare en un convento de Madrid y los de Cervantes en Stratford-upon-Avon, lo que hace pensar que se trataba del mismo escritor.

1691 – El explorador norteamericano Wilford Polk descubre Texas. También descubre que es territorio de México (Ver 1845).

6 de abril de 1732 – Nace en Cádiz el sabio José Celestino Mutis, director de la Expedición Botánica y autor de exitosas novelas sobre Maqroll el Gaviero.

1740 – Designado Pontífice el cardenal Próspero Lambertini, quien adopta el nombre de Benedicto XIV. Un tataranieto nieto suyo también será papa entre 2005 y 2013 bajo el alias de Benedicto XVI.

1749-1756 – Nace en Salzburgo (Alemania), el escultor Johann Sebastian Goethe, autor de los conciertos de Mozart.

1796 – Acusado de robarse un pan, es arrestado, condenado y encadenado Jean Valjean por las autoridades francesas. ¡Qué miserables!

1810-1824 – Varios países latinoamericanos contratan locutores para sus gritos de independencia.

1838 – Las tropas británicas derrotan a los zulúes en Sudáfrica por autogol del rey Shaka cuando ya había terminado el tiempo reglamentario.

1845 – Estados Unidos se apodera de Texas. El presidente James Polk, antepasado del descubridor, aduce que ignoraba que era territorio mexicano porque "mi no habla ispanhol". (Ver 1691).

1.º de mayo de 1852 – Nacen el mismo día y a la misma hora Ramón y Cajal.

10 de diciembre de 1870 – El Congreso Austro-Germano toma trascendentales decisiones sobre la unificación de la masa para rebozar el *Wiener Schnitzel*. Recomienda servirlo con papitas fritas.

1871 – Miles de ciudadanos mueren en Inglaterra de cólera, y cientos más de avaricia, orgullo, gula, lujuria, pereza y envidia.

1873 – A los dos años, Marcel Proust prueba su primera magdalena y dice que le sabe a vejez.

1879 – En guerra contra Chile, Bolivia pierde el acceso al mar. Quedan sin empleo decenas de almirantes, capitanes y grumetes. La cazuela de mariscos alcanza precios escandalosos en La Paz.

3 de julio de 1883 – Un ciudadano de Praga amanece convertido en gigantesca cucaracha. Los médicos no encuentran explicación.

1890 – Nace Carlos Gardel en Tacuarembó, París, Toulouse, Buenos Aires y Medellín.

15 de diciembre de 1890 – Muere de pie el cacique sioux Toro Sentado, asesinado por negarse a vivir de rodillas.

1891 – Con el respaldo de sus ocho mujeres, el profeta mormón John Smith decreta en Utah la abolición de la poligamia.

1897 – El italiano Guiguelmo Marconi inventa el títere sin hilos, cuya repercusión es muy inferior a la que tuvo la telegrafía sin hilos (1895).

27 de junio de 1898 – Tropas norteamericanas comandadas por Ernest Hemingay ocupan Cuba y toman Daiquiri. Mucho Daiquiri.

20 de junio de 1900 – En China, los rebeldes "boxers" dan muerte al embajador alemán a puñetazos.

¿1900? ¿1901? – ¿Empieza el nuevo siglo?

1905 – Los marineros del acorazado *Potemkin* protagonizan en Odesa (Ucrania) un sangriento motín cuando el capitán insiste en que vean una nueva película de Sergei Eisenstein.

Octubre de 1907 – La Academia de Bellas Artes de Viena rechaza a Adolf Hitler como alumno, dado "su escaso talento". Las consecuencias finales fueron funestas, pero al menos se salvó el cubismo austriaco.

Diciembre de 1911 – El explorador noruego Roal Amundsen se extravía en el metro de Buenos Aires y acaba descubriendo el Polo Sur.

14 de abril de 1912 – Naufraga el *Titanic* en el Atlántico y deja miles de víctimas, entre ellos varios multimillonarios.

1914 – Estalla varias veces la Primera Guerra Mundial.

1917 – León Trotsky, revolucionario ruso famoso por su amor a los perros, funda el Festival de Canes.

1918 – Termina la Primera Guerra Mundial justo a tiempo, porque el planeta debe prepararse para la Segunda Guerra Mundial.

1920 – Gandhi inicia una huelga de hambre para que no lo llamen Mohandas sino Mahatma.

1921 – Kasturba Makhanji, la mujer de Gandhi, inicia una huelga de hambre para que solo la llamen por su apellido.

5 de enero de 1929 – Juan Domingo Perón, futuro líder político argentino, se casa con Aurelia Tizón y evita a Evita.

1930 – Se juega la primera Copa del Mundo de futbol, que gana Uruguay a pesar de que la FIFA expulsa a su delantero Luis Suárez por cogerse los dientes con la mano y mostrarlos al público.

1934 – Italia gana la segunda Copa del Mundo con un equipo en el que hay varios argentinos nacionalizados por la FIFA a última hora. Sobresale entre los campeones Benito Mussolini, "il Dittatore d' Oro".

Septiembre de 1939 – Ahora la que estalla es la Segunda Guerra Mundial.

1939-1942 – El Eje avanza, retroceden los Aliados.

1942-1945 – Los Aliados avanzan, retrocede el Eje.

1945 – Roosevelt, Churchill y Stalin se reúnen para comer, beber, decir frases ingeniosas e inaugurar la posguerra. Nace una nueva y brillante generación de terrícolas destinada a salvar lo que queda del planeta.

1946 – En pleno verano estalla la Guerra Fría, también llamada Guerra del Oxímoron.

1950 – La FIFA hace campaña para que Qatar sea sede de la nueva Organización de Naciones Unidas. Gana Nueva York gracias al voto del delegado de Guantánamo.

22 de noviembre de 1963 – Muere el presidente John F. Kennedy asesinado por una conspiración en la que participan la Unión Soviética, el FBI, la CIA, la masonería, el Partido Republicano, el Automóvil Club, la Guía Michelín, Hugo Chávez, las Panteras Negras, Alcohólicos Anónimos, Oliver Stone, Cuba, el futuro cadáver de Elvis Presley, Mahatma Gandhi (a quien ya nadie llama Mohandas), Vito Corleone y los Boy Scouts.

20 de julio de 1969 – Colombia celebra 159 años de Independencia. En su homenaje, el hombre llega a la Luna.

1972 – Un fuerte terremoto abre en Nicaragua un nuevo canal interoceánico. Panamá protesta ante las autoridades geológicas mundiales.

4 de abril de 1973 – Se inauguran en Nueva York las Torres Gemelas, que serán destruidas por terroristas islámicos con miles de personas en su interior el 11 de septiembre de 2001. Pasado un tiempo, algunos argüirán que la CIA y el FBI fueron los autores del atentado, y pasado un tiempo más correrá la versión de que el hecho nunca ocurrió, tal como sucede con la supuesta llegada a la Luna.

1975 – Termina la guerra de Indochina cuando los Estados Unidos son invadidos por drogas, marihuana, mala comida y enfermedades mentales importadas de Vietnam y otros Laos.

1976 – El cuerpo de Mao Zedong, Gran Timonel chino, recibe sepultura en un sarcófago transparente en la Plaza Tiananmén. Al parecer, ya había muerto.

1981 – Un chimpancé que recibía entrenamiento para subir al espacio envía por error dos ingenieros de la NASA a Neptuno.

1.º de enero de 1983, 10:30 a. m. – Se inaugura oficialmente internet, producto del esfuerzo de los equipos científicos dirigidos por Donald Davies, Paul Baran y Leonard Kleinrock.

1.º de enero de 1983, 10:34 a.m. – Llegan los primeros insultos contra Davies, Baran, Kleinrock y sus señoras madres a través de las redes sociales.

1987 – La ONU declara al 30 de febrero como Día Universal de la Mujer Marginada.

10 de noviembre de 1989 – Se derrumba el muro de Berlín seis días después de que la Unesco lo declara Patrimonio de la Humanidad y que la alcaldía descubre que se construyó con hormigón de baja calidad.

19 de diciembre de 1997 – Vuelve a hundirse el *Titanic*, esta vez en Hollywood, y deja multimillonario a James Cameron, su productor-director.

¿2000? ¿2001? – ¿Empieza el nuevo año? ¿El nuevo siglo? ¿El nuevo milenio? ¿El Antropoceno? ¿La sexta extinción? ¿La última extinción? ¿La Edad de la Sinrazón? ¿La Era del Fanático? ¿El Día del Te-Jodiste? ¿La Hora del Extremista? ¿El Minuto del Diablo? ¿El Regreso de los Dioses Vengadores? ¿El Bang Big? ¿The End? ¿El Apocalipsis? ¿La Sinsalida? ¿El Armagedón? ¿El Superarmagedón? ¿El Hiperarmagedón? ¿El Último Apague la Luz?

Breve historia de este puto mundo de Daniel Samper Pizano
se terminó de imprimir en abril de 2016
en los talleres de
Litográfica Ingramex, S.A. de C.V.
Centeno 162-1, Col. Granjas Esmeralda, C.P. 09810 México, D.F.